本书获得首都经济贸易大学出版资助

健康型领导的多层作用机制及影响效应研究

Research on the Multilayer Mechanisms and Impacts of Health-Oriented Leadership

邱茜◎著

中国政法大学出版社

2023·北京

图书在版编目（ＣＩＰ）数据

健康型领导的多层作用机制及影响效应研究/邱茜著.—北京：中国政法大学出版社，2023.12
　ISBN 978-7-5764-1212-3

Ⅰ.①健…　Ⅱ.①邱…　Ⅲ.①领导学－研究　Ⅳ.①C933

中国国家版本馆CIP数据核字(2023)第234479号

出 版 者　　中国政法大学出版社

地　　址　　北京市海淀区西土城路 25 号

邮寄地址　　北京 100088 信箱 8034 分箱　邮编 100088

网　　址　　http://www.cuplpress.com (网络实名：中国政法大学出版社)

电　　话　　010-58908289(编辑部) 58908334(邮购部)

承　　印　　保定市中画美凯印刷有限公司

开　　本　　880mm×1230mm　1/32

印　　张　　6.75

字　　数　　155 千字

版　　次　　2023 年 12 月第 1 版

印　　次　　2023 年 12 月第 1 次印刷

定　　价　　38.00 元

前　言

习近平总书记在党的十九大报告中提出了将"健康中国"作为一项发展战略，推进全民健康事业。然而近年来有关员工身心健康的负向事件频发。健康型领导作为一种通过加强组织健康管理、促进员工身心健康、致力于实现组织可持续发展的领导力，能够有效解决这一问题。同时，其作为一种积极的领导力，目前是学术界和实践界共同关注的热点主题。但是就目前的理论和实践研究的结果看，相关的研究十分匮乏。目前为止国内并没有相关研究的论著出版。更为重要的是目前有关健康型领导力的研究主要是在西方文化背景下进行的，中国情境下的实证研究十分缺乏，因此我国本土化理论与管理实践还需要进一步挖掘和丰富。本书以"健康型领导的多层作用机制及影响效应研究"为题，对健康型领导的研究动态进行梳理，并在此基础上开展本土化的健康型领导实证研究具有十分重要的意义。

本书在回顾和总结以往关于健康型领导的文献后，厘清了健康型领导的概念内涵、适用情境和研究重点，并将已有的理论及实证研究整合到了一个规范统一的健康型领导理论研究框架中。通过验证健康型领导对员工身心健康、主观幸福感、工作行为、角色外行为、家庭领域以及组织层面的重要影响,进一步扩展了健康型领导有效性的范围,深入了中国情境下健康型领导的研究。全书分为七个章节,主要内容如下:

第一章"绪论"。本章基于健康型领导的相关研究,从计划行为理论、资源保存理论、工作要求—资源模型、领导—成员交换理论、社会学习理论视角阐述这一概念的理论基础,并对健康型领导与变革型领导、伦理型领导、真实型领导、企业 EAP 等概念进行区别和联系。

第二章"健康型领导的发展历程及研究动态"。本章在文献回顾的基础上首先对健康型领导的起源、概念和测量进行了梳理;其次,探讨了健康型领导的前因、后果、中介和调节机制,并构建了健康型领导的整合分析框架。最后,总结现有研究的不足,提出未来研究可从健康型领导概念明晰及量表开发、强化本土化健康型领导研究与跨文化比较、创新研究角度三方面进行完善和扩展,同时提出组织实践可以对领导者健康意识培训和多管齐下完善健康管理制度两方面作为组织健康管理的切入点。

第三章"健康型领导对员工身心健康及主观幸福感的影响研究"。本章包括三个部分:首先,对我国企业员工的身心健康及主观幸福感状态进行了调查研究。其次,对我国工作场所健康促进现状及满意度进行了调查研究。最后,对健康型领导对员工身心健康及主观幸福感的影响进行了实证研究,实证结果显示健康型领导对员工身心健康、主观幸福感都具有显著正向影响。

第四章"健康型领导对员工工作绩效的双刃剑效应研究"。本章基于资源保存理论中的资源获取和资源消耗路径探讨了健康型领导对工作绩效的双刃剑效应，分别引入了基本心理需求、工作繁荣、角色模糊和职场焦虑作为中介变量，构建了健康型领导对员工工作绩效的双链式中介模型。结果表明：①健康型领导对基本心理需求、工作繁荣、角色模糊、职场焦虑均具有显著正向影响。②基本心理需求、工作繁荣、角色模糊和职场焦虑在健康型领导与工作绩效之间的独立中介效果显著。③基本心理需求与工作繁荣在健康型领导对工作绩效的影响中起链式中介作用。健康型领导作为一种支持性的领导风格给予员工一定的工作自主权，满足员工的基本需求，进而促进其在工作上的繁荣，对工作绩效产生正向影响。④角色模糊与职场焦虑在健康型领导对工作绩效的影响中起链式中介作用。健康型领导所推崇的健康工作、合理休息的理念与组织的绩效要求冲突可能会导致员工角色的模糊，进而引起工作场所的焦虑，最终对工作绩效产生负向影响。

第五章"健康型领导对员工创新行为的跨层影响研究"。本章从社会学习理论和工作要求—资源模型的角度，探讨了健康型领导对员工创新行为的影响，以回答健康型领导是否可以增强员工创新行为，以及在什么条件下能最有效地促进创新。研究实证验证了健康型领导对员工创新行为有显著的正向影响，这一结果与其他积极领导（如变革型领导、服务型领导、真实型领导、伦理型领导）对员工创新行为影响的研究结果一致。心理授权在健康型领导和员工创新行为之间起到了中介作用，同时也验证了健康型领导能够增加员工心理授权的感知。研究也验证了工作不安全感和创新氛围在健康型领导正向作用于员工创新行为过程中的边界效应。

第六章"健康型领导对组织韧性的影响效应研究"。本章基于动态能理论、社会认知理论和社会信息加工理论，引入个体层面的工作繁荣和主动变革行为，团队层面的团队心理安全和团队效能作为中介变量，构建了健康型领导对组织韧性的双链式中介模型。研究发现，健康型领导可以通过个人和团队两个层面影响组织韧性。研究实证检验了健康型领导对组织可持续发展的重要作用，扩展了对不同形式的领导力如何促进组织韧性的理解。通过关注工作繁荣和主动变革行为的中介机制，从员工个体表现解释组织韧性，将如何建立组织韧性具象化，便于在组织内开展实践活动。通过关注团队心理安全和团队效能的中介作用，认识到团队工作对组织可持续发展的重要作用。通过检验健康型领导对组织韧性的影响，扩展了动态能力理论的适用范围。

第七章"健康型领导对员工工作—家庭增益的影响研究"。本章依据丰富理论解释了健康型领导对员工工作领域、家庭领域及两个领域之间的跨界影响。通过研究员工在工作与家庭之间跨角色的资源调动过程，搭建工作层面和家庭层面的双链式中介模型，解释了健康型领导如何增加员工资源、员工如何调动资源，进而实现工作-家庭增益。在工作层面，研究发现积极情绪和工作投入在健康型领导与员工工作—家庭增益之间有链式中介作用；在家庭层面，研究发现家庭需求满意度和积极家庭事件在健康型领导与工作—家庭增益之间有链式中介作用。同时，员工在工作中产生的积极情绪可以溢出到家庭领域，促进家庭角色表现；家庭需求的满足也会进一步激发员工在工作中的积极性，促进其工作角色表现。健康型领导可以促使个体将工作（家庭）领域的经验、心理和物质资源、社会资源等溢出至家庭（工作）领域，从而促使个体在两个领域都表现良好。本研究一方面为实现员工工作—家庭增益提供理论和实践借鉴意义，另一方面有助于更多地了解组织内积极情感的可能来源。

本书可以为本科生、研究生、相关研究领域学者掌握领导理论前沿、学习研究方法以及开展科学研究提供重要参考。同时，本书也可为企业实践中加强组织健康管理、促进员工身心健康、实现组织可持续发展提供理论依据和实践指导。

本书的写作和顺利出版，得到了很多人的支持，在此我向他们致以诚挚的感谢。感谢我的团队成员们：各个章节的合作者——我指导的研究生李姝婷同学和李锦同学，以及承担书稿准备、讨论工作的朱泽琦同学，感谢她们所做的诸多工作以及付出的努力和勤奋。感谢中国政法大学出版社的冯琰编辑以及参与本书校对、设计的工作人员们。感谢首都经济贸易大学学术著作出版资助对本书的支持。感谢所参考的国内外有关文献的作者。感谢我的家人，感谢他们对我的包容、爱护与无条件的支持。尽管对本书的内容进行了多次修改，但书中难免还会存在一些不足之处，恳请广大读者不吝批评赐正。

CONTENTS 目 录

CONTENTS 表目录

第一章
绪　论

一、引言

习近平总书记在党的十九大报告中提出了将"健康中国"作为一项发展战略，推进全民健康事业。健康中国的建设既关乎民生福祉，也关乎国家长远、可持续发展。然而随着工作场所中加班文化和熬夜文化日益叠加盛行，近年来有关员工身心健康负向事件频发。据美世咨询发布的《2020中国职场员工健康风险报告》显示，我国职场员工中有20%患有慢性病，65%处于亚健康状态，59%存在心理困扰。在此背景下，劳动者的身心健康问题备受社会关注。身心健康包括健康的身体和一种持续且积极发展的心理状态两个方面。相关研究表明，领导力是影响其下属身心健康的一个重要因素。[1][2]领导者对追随者身心健康的潜在影响既可能来源于积极的领导

〔1〕　Gregersen, S., et al., "Leadership Behaviour and Health-Current Research State", *Gesundheitswesen*〔*Bundesverband der Arzte des Offentlichen Gesundheitsdienstes（Germany）*〕73. 1（2010）, pp. 3-12.

〔2〕　Montano, Diego, et al., "Leadership, Followers' Mental Health and Job Performance in Organizations: A Comprehensive Meta-analysis from an Occupational Health Perspective", *Journal of Organizational Behavior*, 38. 3（2017）, pp. 327-350.

风格，如变革型领导，[1]也可能来自破坏性的领导行为。[2]

健康型领导（Healthy Leadership）作为一种积极的领导力，能够通过健康管理实践提升下属的健康意识和行为，实现员工与组织的健康可持续发展。本研究分别以"Health-Promoting Leadership""Health – Oriented Leadership""Health – Specific Leadership""Healthy Leadership"和"Health Leadership"、为检索词在 Web of Science 核心集和中国知网（CNKI）进行篇名检索发现，从 2003 年至 2021 年 Web of Science 核心集和中国知网总发文量为 191 篇，其中中国知网总发文量仅有 5 篇。相关文献主要来源于"Journal of Public Health Management and Practice""International Journal of Health Policy and Management"、"Work & Stress"等。对相关文献的关键词进行分析发现，研究热点包含"变革型领导""健康型领导""健康""倦怠"和"压力"相互之间的关系。虽然健康型领导具有较强的实践意义和理论意义，但目前国内外学者对于健康型领导的研究还处于探索阶段。以往研究多利用访谈法开发健康型领导的测量工具、提炼组织实施工作场所健康管理的方式和探究健康型领导对下属及组织的影响。相关研究表明健康型领导能够促进员工身心健康、提高工作满意度、员工敬业度、工作绩效，降低工作倦怠、离职意向。但国内外学者还未对健康型领导的概念、

〔1〕 Hentrich, Stephan, et al. , "Relationships Between Transformational Leadership and Health: The Mediating Role of Perceived Job Demands and Occupational Self-efficacy", *International Journal of Stress Management*, 24. 1 (2017), p. 34.

〔2〕 Trépanier, Sarah-Geneviève, Valérie Boudrias, and Clayton Peterson, "Linking Destructive Forms of Leadership to Employee Health", *Leadership & Organization Development Journal*, 40. 7 (2019), pp. 803-814.

测量量表形成统一的认识，对其作用机制的探究还有待深入挖掘。

鉴于此，本研究在文献回顾的基础上首先对健康型领导的起源、概念和测量进行了梳理；其次，基于健康型领导的相关研究，从计划行为理论、工作要求—资源模型、社会学习理论、领导—成员交换理论视角阐述这一概念的理论基础；再次，探讨健康型领导的前因、后果、中介和调节机制，并构建了健康型领导的整合分析框架；最后，总结现有研究的不足，提出未来研究可从健康型领导概念明晰及量表开发、强化本土化健康型领导研究与跨文化比较、创新研究角度三方面进行完善和扩展，同时提出组织实践可将对领导者健康意识培训和多管齐下完善健康管理制度两方面作为组织健康管理的切入点。

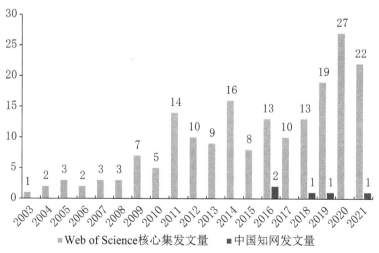

图 1-1　健康型领导在国内外数据库发文数量

（资料来源：2003 年至 2021 年 Web of Science 核心集和中国知网统计结果）

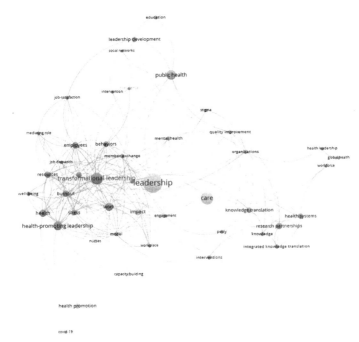

图1-2 相关文献关键词图谱

（资料来源：作者利用 VOS-viewer 绘制）

二、健康型领导的理论视角

国内外学者主要聚焦于计划行为理论、工作要求—资源模型、领导—成员交换理论、社会学习理论解释健康型领导的形成和健康型领导对员工个人和组织层面的作用机制。

（一）计划行为理论

计划行为理论（TPB）是从信息加工的角度解释个体行为的一般决策过程的理论。研究证明行为态度、主观规范和知觉行为控制通过影响个体的行为意愿，进而影响个体行为。相关学者基于计划行为理论研究了健康型领导的前因，Turgut 等（2019）利用该理论评估了领导者对健康的态度、领导者对健康促进的组织规范感知和领导者对实行健康促进行为的控制感知三个前因对健康型领导的影响。[1]其研究表明，领导者重视自我和下属健康状况，且对下属健康促进有积极的态度。同时领导者感知到组织有能力支持健康促进相关举措执行，其越可能成为健康型领导者。

（二）资源保存理论

资源保存理论（COR）指出，个体具有保存、保护和获取资源的倾向。当潜在资源或实际资源面临损失危险时，都会引发个体的紧张和压力。在此压力情境下，个体倾向于使用现有资源去获取新资源或者积极构建和维护当前的资源储备以应对资源损失的情境。[2][3]

健康促进型领导能够为员工提供促进健康的资源，这些资源可以被划分为两类：一类是外部资源，一类是内部资源。具体而言，外部资源指健康的工作环境、组织支持的环境等；内部资源包含健康知识、工作场所内外的健康活动等。接收到这些健康资源的员工在获得更少的压力源和更多的健康的同时，

---

〔1〕 Turgut, Sarah, et al. , "Antecedents of Health–promoting Leadership and Workload as Moderator", *Journal of Leadership & Organizational Studies*, 27. 2 (2020), pp. 203–214.

〔2〕 Hobfoll, Stevan E. , "Conservation of Resources: A New Attempt at Conceptualizing Stress", *American Psychologist*, 44. 3 (1989), p. 513.

〔3〕 Hobfoll, Stevan E. , et al. , "Conservation of Resources in the Organizational Context: The Reality of Resources and Their Consequences", *Annual Review of Organizational Psychology and Organizational Behavior*, 5 (2018), pp. 103–128.

也会将这些资源内化为下属自我健康关心。[1]外部资源的获取源自领导实施促进员工健康的工作条件的行为措施,激发员工的健康生活意识和健康行为;内部资源的获取由员工自我健康关心获得,即员工采取恰当的工作生活方式促进个人健康。

(三) 工作要求—资源模型视角

工作要求—资源模型 (JD-R) 表明,工作对员工既存在损耗路径也存在增益路径。其中,损耗路径指在工作中过高的工作要求和相对缺乏的工作资源会导致员工产生职业倦怠,进而会对员工健康和组织绩效产生消极影响;增益路径指工作中充分的工作资源会给员工带来一系列积极影响,如增加工作投入、提高工作绩效等。[2][3]

Jiménez 等人[4](2017) 的研究发现,健康型领导为员工提供的健康资源能够降低员工的工作压力。[5]Winkler 等人 (2014) 的研究表明,健康型领导可以通过社会支持、任务沟

〔1〕 Franke, Franziska, Jörg Felfe, and Alexander Pundt, "The Impact of Health-oriented Leadership on Follower Health: Development and Test of a New Instrument Measuring Health-promoting Leadership", *German Journal of Human Resource Management*, 28. 1-2 (2014), pp. 139-161.

〔2〕 Bakker, Arnold B. , and Evangelia Demerouti, "The Job Demands-resources Model: State of the art", *Journal of Managerial Psychology*, 22. 3 (2007), pp. 309-328.

〔3〕 Schaufeli, Wilmar B. , "Applying the Job Demands-resources Model", *Organizational Dynamics*, 2. 46 (2017), pp. 120-132.

〔4〕 Franke, Franziska, Jörg Felfe, and Alexander Pundt, "The Impact of Health-oriented Leadership on Follower Health: Development and Test of a New Instrument Measuring Health-promoting Leadership", *German Journal of Human Resource Management*, 28. 1-2 (2014), pp. 139-161.

〔5〕 Jiménez, Paul, Bianca Winkler, and Anita Bregenzer, "Developing Sustainable Workplaces with Leadership: Feedback About Organizational Working Conditions to Support Leaders in Health-promoting Behavior", *Sustainability*, 9. 11 (2017), p. 1944.

通、人文关怀、积极反馈等途径给员工提供充足的工作资源，进而提高员工的工作幸福感，降低员工的不满情绪与疲惫状态。[1]从工作要求的角度来看，健康型领导会改变员工对工作特征的认知。如健康型领导可以通过设定工作优先级、沟通制定工作计划等行为减少员工的工作需求，同时降低角色模糊。但 Gurt 等（2011）对德国 1027 名税务机关工作者进行大规模调查发现，健康型领导反而增加了员工的角色模糊，这一实证结果有待进一步考量与验证。[2]

（四）领导—成员交换理论视角

领导—成员交换理论（LMX）指出受时间压力和精力所限，领导者与组织成员的关系并不是一致的，而是存在一种亲疏有别的交换关系。其中，与领导者拥有高质量交换关系的下属被视为"圈内人"，这类员工通常会比与领导有低质量交换关系的同事获得更多的信任、支持和资源。当领导者给予这类下属越多的资源，相应的，他们就会有更多的资源和动力去实现领导的期望。

在领导成员交换的过程中，健康型领导通过与下属的互动来制定促进工作场所健康的相关积极政策和制度，而这些政策和制度的执行使下属感受到领导的关注和关怀，从而对领导者产生较强的依恋感以及组织认同感。研究表明，LMX 是一个

---

〔1〕　Winkler, Eva, et al. , "Leadership Behavior as a Health-promoting Resource for Workers in Low-skilled Jobs and the Moderating Role of Power Distance Orientation", *German Journal of Human Resource Management*, 28. 1-2 (2014), pp. 96-116.

〔2〕　Gurt, Jochen, Christian Schwennen, and Gabriele Elke, "Health-specific Leadership: Is There an Association Between Leader Consideration for the Health of Employees and Their Strain and Well-being?", *Work & Stress*, 25. 2 (2011), pp. 108-127.

比其他的领导结构更好地预测员工积极行为促进与消极行为抑制的机制。在积极行为的促进方面，LMX 与工作满意度正相关。[1][2]Singh（2013）的研究结果显示，组织中处于高质量 LMX 的员工在积极心理健康测量上的得分显著高于低质量 LMX 的员工。[3]在消极行为的抑制方面，LMX 与工作抑郁、离职意向、心理痛苦、压力和倦怠呈负相关关系。[4]

（五）社会学习理论视角

社会学习理论（SLT）用于解释在社会情境下学习是如何发生的。Weiss（1997）利用社会学习理论研究员工感知到的领导者的权力、能力和成功与员工追随领导者行为之间的关系。[5]员工感知到自己的领导越成功或者越有地位，员工也就越有意愿学习领导者。

在社会学习理论视角下，健康型领导通过向员工传递其健康观念、健康的生活方式和工作场所健康管理行为，使员工有意愿把健康型领导视为学习榜样，进行自我健康管理。Gurt 和

〔1〕 Epitropaki, Olga, and Robin Martin, "From Ideal to Real: a Longitudinal Study of the Role of Implicit Leadership Theories on Leader-member Exchanges and Employee Outcomes", *Journal of Applied Psychology*, 90. 4（2005）, p. 659.

〔2〕 Hooper, Danica T., and Robin Martin, "Beyond Personal Leader-member Exchange（LMX）Quality: The Effects of Perceived LMX Variability on Employee Reactions", *The Leadership Quarterly*, 19. 1（2008）, pp. 20-30.

〔3〕 Singh, Jatinder, "Critical Appraisal Skills Programme", *Journal of Pharmacology and Phar-macotherapeutics*, 4. 1（2013）, pp. 76-77.

〔4〕 Sparr, Jennifer L., and Sabine Sonnentag, "Fairness Perceptions of Supervisor Feedback, LMX, and Employee Well-being at Work", *European Journal of Work and Organizational Psychology*, 17. 2（2008）, pp. 198-225.

〔5〕 Weiss, Howard M., "Subordinate Imitation of Supervisor Behavior: The Role of Modeling in Organizational Socialization", *Organizational Behavior and Human Performance*, 19. 1（1977）, pp. 89-105.

Elke（2009）的研究发现，健康型领导通过创造组织健康文化能够有效降低组织内部员工的工作压力。[1]

表1-1 理论基础对比分析

理论基础	核心观点	影响因素及影响效应	文献来源
计划行为理论	健康型领导的形成依赖于领导者对健康的态度、对健康促进的组织规范感知和对实行健康促进行为的控制感知三个因素。	健康型领导（+）	Turgut 等（2020）
资源保存理论	领导提供与健康相关的资源，通过影响员工的健康意识、价值观和行为来促进员工健康。	身体健康状况（+）心理健康（+）主观幸福感（+）	Franke 等人，2014 年；刘贝妮，2016 年
工作要求—资源模型	改变员工对工作特征的认知（减少工作要求，增加工作资源），从而减轻员工工作压力，最终改善员工健康状况。	主观幸福感（+）工作压力（-）不满情绪（-）身心疲惫（-）	Jiménez 等人，2017；Winkler 等人，2014
领导—成员交换理论	领导制定促进工作场所健康的政策和实施相关举措来保障员工健康。	工作绩效（+）心理健康（+）职场孤独感（-）离职意愿（-）	万鹏宇，2018；杨新国、蓝媛美、朱蕙帆，2019

---

[1] Gurt, Jochen, and Gabriele Elke, "Health Promoting Leadership: The Mediating Role of an Organizational Health Culture", *Ergonomics and Health Aspects of Work with Computers: International Conference, EHAWC 2009, Held as Part of HCI International 2009, San Diego, CA, USA, July 19-24, 2009, Proceedings*, Springer Berlin Heidelberg, 2009, pp. 29-38.

续表

理论基础	核心观点	影响因素及影响效应	文献来源
社会学习理论	领导者作为员工行为的榜样，鼓励员工积极模仿；这个学习过程旨在培养一种健康的氛围，促进员工的健康。	健康状况（+） 工作压力（-）	Gurt 和 Elke，2009

（资料来源：相关文献整理所得）

三、健康型领导与其他构念的区别

不同的领导力结构之间存在着潜在的重叠，变革型领导、伦理型领导、真实型和健康型领导均被视为积极的领导力，相关研究表明上述四种领导对员工身心健康方面均有积极的影响，因此本研究对健康型领导与变革型领导、伦理型领导和真实型领导进行区别，以便进一步理解健康型领导的内涵。此外，企业援助计划（EAP）作为企业普遍采用的一种人文关怀模式与健康型领导中的健康管理行为的作用效果相似，下文也对二者进行了辨析。

（一）健康型领导与变革型领导

健康型领导和变革型领导均是能够增强与工作相关的积极行为、减少压力和倦怠风险的领导风格。[1]从概念上来看，变革型领导（Transformational Leadership）是指领导者通过个人魅力、愿景激励、智力激励以及对员工的个性化关怀，使员

---

〔1〕 Dunkl, Anita, et al. , "Similarities and Differences of Health-promoting Leadership and Transformational Leadership", *Naše Gospodarstvo/Our Economy*, 61. 4（2015），pp. 3-13.

工意识到自己承担的责任和任务的重要性，并在更高层次上激发员工的需求使他们能够最大限度地发挥自己的潜力，实现高绩效表现。这一定义强调了变革型领导关注员工个人利益和需求，激励员工不断提升个人绩效，并把提高组织绩效作为终极目标。而健康型领导注重员工和组织的健康管理，最终目标为实现员工与组织的健康可持续发展。

已有研究表明，健康型领导和变革型领导均对员工健康有积极的影响。在变革型领导下，员工有较低的工作压力[1]和较小的职业倦怠风险。[2][3]此外，变革型领导与员工职业使命感、角色清晰、发展机会、工作自主性之间存在正相关关系。[4]虽然变革型领导会对员工产生多方面的积极影响，但健康型领导作为一种明确参与员工健康管理的形式，相比变革型领导在员工主观幸福感方面具有更强的预测力，尤其在情绪紧张、愤怒和健康申诉等维度。

（二）健康型领导与伦理型领导

伦理型领导（Ethical Leadership）同样是一种对员工具有积极影响的领导风格，它是领导通过个体行为与人际互动，向下属

---

〔1〕 Gill, Amarjit S., Alan B. Flaschner, and Mickey Shachar, "Mitigating Stress and Burnout by Implementing Transformational-leadership", *International Journal of Contemporary Hospitality Management*, 18. 6 (2006), pp. 469-481.

〔2〕 Densten, Iain L., "The Relationship between Visioning Behaviours of Leaders and Follower Burnout", *British Journal of Management*, 16. 2 (2005), pp. 105-118.

〔3〕 Kanste, Outi, Helvi Kyngäs, and Juhani Nikkilä, "The Relationship between Multidimensional Leadership and Burnout Among Nursing Staff", *Journal of Nursing Management*, 15. 7 (2007), pp. 731-739.

〔4〕 Piccolo, Ronald F., and Jason A. Colquitt, "Transformational Leadership and Job Behaviors: The Mediating Role of Core Job Characteristics", *Academy of Management Journal*, 49. 2 (2006), pp. 327-340.

传达哪些行为是符合规范且恰当的，并采用双向沟通和强化等方式使员工接受并内化这些规范性行为。伦理型领导作为下属的角色榜样，他们总是被认为是值得信任和负责任的。[1]伦理型领导会在树立道德标准的过程中考虑员工健康问题，与此同时员工也会积极践行伦理型领导所树立的道德标准中有关工作场所健康方面的规定。

研究表明，伦理型领导与员工的安全绩效之间有显著的正相关关系。[2]伦理型领导在工作场所中注重营造安全氛围，在这种氛围下员工认为保障安全是重要的。因此员工愿意以较高的道德标准来维持自身安全，组织能够更加顺利地实行安全管理。此外，伦理型领导不仅要求员工成为一个遵守道德规则的人，还期望员工通过遵守道德规则提升自身的修养和培养自信乐观的心态。[3]综上，伦理型领导与员工会将健康管理作为一种道德规范共同遵守，在这个过程中领导与员工是双主体；而健康型领导强调领导的健康观念、态度和行为对健康环境的构建，领导是单一主体。

（三）健康型领导与真实型领导

真实型领导（Authentic Leadership）最初被视为解决领导与员工之间信任问题的一种方式，在研究中也被称为是其他积

---

〔1〕 成瑾等：《近朱者赤：伦理型领导如何影响员工内部揭发意向?》，载《中国人力资源开发》2021 年第 3 期，第 18~32 页。

〔2〕 高伟明等：《伦理型领导对员工安全绩效的影响：安全氛围和心理资本的跨层中介作用》，载《管理评论》2017 年第 11 期，第 116~128 页。

〔3〕 Walumbwa, Fred O., et al., "An Investigation of the Relationships Among Leader and Follower Psychological Capital, Service Climate, and Job Performance", *Personnel Psychology*, 63.4 (2010), pp. 937–963.

极领导的"根源构念"。[1]真实型领导者拥有清晰的自我概念，致力于与员工建立真实、信任的关系，并采取与真实自我相一致的行为促进员工的积极自我发展。[2]研究表明，真实型领导正向作用于个人和团队的工作满意度和幸福感。Laschinger 等（2015）也实证验证了真实型领导通过创造良好的工作条件保护新护士免受职业倦怠和压力的影响。[3]

表1-2 健康型领导与其他领导力的区别

视角 类型	概 念	目 标	对健康的影响机制
健康型领导	领导者基于自身的健康认识和价值观，通过一系列健康管理行为促进员工健康，最终实现员工与组织的健康可持续发展。	实现员工健康与组织健康的双元目标，促进组织的可持续发展。	领导者关注下属健康，参与员工和组织的健康管理，从而增进个人和组织健康。
变革型领导	通过营造良好的组织、领导、员工关系，领导者与员工建立信任关系，激发员工内在需求和激励员工，提升个人绩效和组织绩效。	激发员工内在需求，提高个人和组织绩效。	领导者通过领导魅力、愿景激励、智力激发和个性化关怀激发下属积极情感，进而增进员工心理健康。

---

〔1〕 Avolio, Bruce J., and William L. Gardner, "Authentic Leadership Development: Getting to the Root of Positive Forms of Leadership", *The Leadership Quarterly*, 16. 3（2005），pp. 315-338.

〔2〕 王震、宋萌、孙健敏：《真实型领导：概念、测量、形成与作用》，载《心理科学进展》2014 年第 3 期，第 458~473 页。

〔3〕 Laschinger, Heather K. Spence, et al., "The Effects of Authentic Leadership, Six Areas of Worklife, and Occupational Coping Self-efficacy on New Graduate Nurses' Burnout and Mental Health: A Cross-sectional Study", *International Journal of Nursing Studies*, 52. 6（2015），pp. 1080-1089.

类型　　视角	概　念	目　标	对健康的影响机制
伦理型领导	领导者通过个体行为与人际互动，向下属传达哪些行为是符合规范且恰当的，并采用双向沟通和强化等方式使得员工接受并内化这些规范性行为。	规范员工行为，提高生产绩效。	通过树立健康榜样，注重沟通，关注员工利益。
真实型领导	领导者能够清晰地了解自己的信念、情感、需求和价值观，并公开、坦率地按照与之相一致的方式行事。	与员工搭建真实信任的关系，促进员工的积极发展。	领导者与员工坦诚相待，彼此建立信任的关系，为促进员工积极自我发展领导者会自觉将健康管理思想融入组织管理。

（资料来源：作者根据相关文献整理）

综上可知，上述领导力均有利他主义的表现。但与其他领导风格相比，健康型领导对员工的身心健康状况具有更加明确的支持和关心，其主要通过与员工进行直接的人际互动来创造健康的工作环境。因而，健康型领导对员工的身心健康有更强的解释和预测作用。

（四）健康型领导与 EAP

企业 EAP 是企业为员工设置的一套系统的、长期的福利支持项目。通过专业人员对员工的情绪、压力、家庭等可能影响工作绩效的个人问题进行诊断，为员工及其直系亲属提供专业的指导、培训和咨询，旨在帮助解决员工及其家庭成员的各种心理问题，提高员工工作效率。[1]组织提供 EAP 应遵循以下原则：保密原则、自愿原则、免费原则和针对性原则。[2]与健康型领导不同的是，企业 EAP 是由教育、心理学、医学等专业人员进行问题诊断与服务提供。同时，国际 EAP 协会制定了权威 EAP 标准，从业人员也需要进行专业认证。而健康型领导是领导者自身注重员工健康，并通过健康管理行为保障员工工作场所健康。综上所述，企业 EAP 可以被视为健康型领导的一种健康管理行为。

〔1〕 杜金强：《以 EAP 服务提升员工幸福感》，载《人民论坛》2017 年第 36 期，第 68~69 页。

〔2〕 刘亚林：《EAP（员工援助计划）研究综述》，载《经济与管理研究》 2006 年第 6 期，第 67~71 页。

第二章

健康型领导的发展历程及研究动态

一、健康型领导的起源

（一）健康型领导的国外发展起源

根据世界卫生组织 2006 年的定义，健康是指个体在身体、精神以及社会交往上均能够保持良好健全的状态。健康型领导中有关员工关怀的理念最早可以追溯到领导行为理论的四分图理论（Management Grid Theory），其中的"关怀维度"强调了领导要注意关心爱护下属和与下属建立融洽的工作关系，高关怀的领导者可以被视为有健康导向的领导者。1978 年，Gavin在研究工作环境对矿工主观幸福感的影响时提出，组织应该在工作场所中实施健康管理理念与实践，为劳动者创造良好的工作环境和提高基层劳动者的福祉。[1]1986 年，世界卫生组织在第一届国际健康促进大会中首次提出"健康促进"（Health Promotion）一词，将其作为社会相关部门、家庭和个人履行各自对健康的责任以实现促进健康的一种社会战略。从此之

---

[1] Gavin, James F., and Robert E. Kelley, "The Psychological Climate and Re-ported Well-being of Underground Miners: An Exploratory Study", *Human Relations*, 31. 7 (1978), pp. 567-581.

后，领导者的健康管理角色逐渐被理论界与实践界重视。随后，学者们开始探究领导者通过哪些方式承担健康管理的角色、组织实施健康管理的动机是什么并进行领导者健康管理能力评估。健康型领导也开始作为一种积极的领导方式成为学界关注的研究议题。

（二）健康型领导的国内发展起源

在我国，职业健康监控作为一种社会管制手段在 20 世纪末开始兴起。特别是在化工、煤炭等企业中，由于工作条件恶劣，基层劳动者职业病频发，这对劳动者的职业健康造成了威胁。至此之后，尘、毒、噪声、放射等的防治是我国职业健康工作的重点。随着我国经济社会的不断发展，以人民健康为中心，服务和保障劳动者职业健康被提到了更重要的位置，国家、社会对职业健康监护管理工作的重视程度也得到了进一步提高，企业职工对于个人的健康权益也越来越重视。用人单位对劳动者进行定期的职业健康监护，包括职业健康检查，职业健康监护档案管理等内容。

表 2-1　国内职业健康安全法律法规与规章制度

序　号	文件名称	发布单位	实施时间
1	中华人民共和国宪法	全国人大	2004. 3. 14
2	建筑业安全卫生公约（劳工第 167 号公约）	全国人大	2001. 10. 27
3	中华人民共和国劳动法	全国人大	1994. 7. 5
4	中华人民共和国安全生产法	全国人大	2002. 6. 29
5	中华人民共和国传染病防治法	全国人大	2004. 8. 28

续表

序　号	文件名称	发布单位	实施时间
6	中华人民共和国工会法	全国人大	2001. 10. 27
7	工伤保险条例	国务院	2003. 4. 16
8	女职工劳动保护规定	国务院	1988. 7. 21
9	中华人民共和国尘肺病防治条例	国务院	1987. 12. 3
10	劳动保障监察条例	国务院	2004. 11. 1
11	工厂安全卫生规程	国务院	1956. 5. 25
12	放射性同位素与射线装置 放射防护条例	国务院	1989. 10. 24
13	使用有毒物品作业场所 劳动保护条例	国务院	2002. 4. 30
14	放射工作人员健康管理规定	卫生部	1997. 7. 15
15	国家职业卫生标准管理办法	卫生部	2002. 3. 28
16	职业病危害项目申报管理办法	卫生部	2002. 3. 28
17	职业健康监护管理办法	卫生部	2002. 3. 28
18	职业病诊断与鉴定管理办法	卫生部	2002. 3. 28
19	职业病危害事故调查处理办法	卫生部	2002. 3. 28
20	职业病目录	卫生部	2002. 4. 18
21	职业健康安全管理体系　规范	国标局	2001. 11. 12

（资料来源：作者整理，上表为代表性规章制度）

二、健康型领导的概念

于个体而言，良好的健康状况是生存的基础；于组织而言，员工良好的健康状况是其发挥潜能、为企业创造可持续竞争优势的基础。目前，国内外学者对健康型领导的定义不尽一致。总结来看，健康型领导的定义可以从三个视角进行阐释：一是领导特质观，强调领导者对员工健康的重视程度；二是领导行为观，强调从组织层面出发实施员工健康管理举措；三是领导权变观，强调健康管理方式要适应不同的工作环境。

具体而言，特质观视角下的健康型领导指领导者基于自身的健康价值观，培养促进员工身心健康的意识，进而实施支持下属健康发展的相关举措以改善员工和组织的健康状况，最终实现员工与组织的健康可持续发展。行为观视角下的健康型领导被视为一组能够促进员工健康的领导行为，如改善工作环境、制定健康促进计划等。这类行为注重营造健康的工作环境以促进员工和组织的健康发展。权变观视角下，健康型领导的概念侧重于识别领导行为中能够对员工工作环境产生积极影响的具体因素。该视角下促进健康的领导文化不是一种特定的领导策略或领导风格，而是一套与工作环境持续互动的领导行为。[1]Jiménez 等人（2017）在研究中提出，健康型领导的关键是创造支持和增进员工健康的条件，这些条件的创造一般缘于个人和组织在工作、生活领域的相互作用。[2]

在上述健康型领导的定义中，Barrett、Franke 和 Felfe、Gurt、刘贝妮主要关注健康型领导的个人层面；而 Gregersen 和 Jiménez 主要关注健康型领导个人与组织情境的交互作用。

---

〔1〕 Gregersen, Sabine, Sylvie Vincent – Höper, and Albert Nienhaus, "Job – related Resources, Leader–member Exchange and Well–being—a Longitudinal Study", *Work & Stress*, 30. 4 (2016), pp. 356–373.

〔2〕 Jiménez, Paul, Bianca Winkler, and Anita Bregenzer, "Developing Sustainable Workplaces with Leadership: Feedback About Organizational Working Conditions to Support Leaders in Health–promoting Behavior", *Sustainability*, 9. 11 (2017), p. 1944.

虽然国内外有关健康型领导的概念界定还没有达成一致，但三种观点下的健康型领导的最终目的都是加强组织健康管理和增加员工身心健康，最终实现员工与组织的健康可持续发展。本研究基于特质观视角将健康型领导定义为：领导者基于自身的健康认识和价值观，通过一系列健康管理行为促进员工健康，最终实现员工与组织的健康可持续发展。

表 2-2 健康型领导的类型及内涵梳理

视角	类型	定义	关键要素	代表学者
特质观	Health-Oriented Leadership	领导者基于自身的健康价值观和健康意识，实施支持下属健康发展的相关举措以激发员工自我健康关怀，改善员工和组织的健康状况。	领导者拥有对自我和下属的健康敏感程度和健康意识	Franke & Felfe, 2011；刘贝妮, 2016a
行为观	Health-Specific Leadership	领导者通过一系列促进健康的领导行为明确参与下属健康管理。	构建工作场所健康管理方式	Gurt et al. (2009, 2011)
	Health Leadership	领导者以自我健康管理为基础进行员工健康管理的一种直接的健康领导行为。	领导者通过先行自我健康关怀来促进员工自我健康关怀	Akerjordet et al. (2018)

续表

视角	类　型	定　义	关键要素	代表学者
权变观	Health-Promoting Leadership	领导者与工作环境持续互动，通过创造一种促进健康的工作场所和健康价值观的文化，以激励员工参与健康促进的相关活动。	建立促进健康的工作场所文化	Eriksson et al. （2011）
	Healthy Leadership	领导者通过创造支持和增进员工健康的条件来对员工健康和主观幸福感产生特定影响的一种领导风格。	工作场所健康条件由领导个人与组织情境的交互作用产生	Jiménez et al. （2016）

（资料来源：作者根据相关文献整理）

三、健康型领导的维度与测量

国外学者从多角度探究健康型领导的结构，并在此基础上开发了健康型领导测量量表（HPLC）。目前，国内学者还未开发我国本土化的健康型领导量表。现有研究从组织层面、健康特质、个人和组织层面、个人—工作环境匹配四个视角进行了量表开发，详见表2-3。

其中，Barrett 等人（2005）以加拿大公共卫生部门从业者作为研究对象，从组织层面测量健康型领导水平。[1]最终开发出包含组织学习实践、健康计划、工作场所环境、组织成员发展四维度量表，该量表共有 18 个题项。Franke 和 Felfe（2014）从特质观角度出发将健康型领导划分为三个维度：健康价值观、健康意识和健康行为，该量表包含 30 个题目。[2]健康价值观指领导者对自身和员工健康的重视程度和对下属健康的责任意识水平。健康价值观念越强的领导者，越容易感知到下属面临的职业压力情况，并且有意愿主动采取行动缓解压力。健康意识对应权变视角下的健康型领导力，强调领导者在面临不同的组织情境会有不同的健康意识或行为反应。健康行为对应领导行为观视角下的健康型领导，是指领导实行健康管理相关的行动的频率和程度。健康型领导的健康行为可包含：营造健康的工作环境、制定工作场所健康提升计划和提供进行健康管理的资源等。

Gurt 和 Elke（2009）开发了健康型领导两维度量表：任务与关系，共包含 7 个题目。[3]Eriksson 等人（2011）分别从个人层面和组织层面来描述健康型领导，他们对在工作场所实

〔1〕 Barrett, Linda, et al. , "Development of Measures of Organizational Leadership for Health Promotion", *Health Education & Behavior*, 32. 2（2005）, pp. 195–207.

〔2〕 Franke, Franziska, Jörg Felfe, and Alexander Pundt, "The Impact of Health–oriented Leadership on Follower Health: Development and Test of a New Instrument Measuring Health–promoting Leadership", *German Journal of Human Resource Management*, 28. 1–2（2014）, pp. 139–161.

〔3〕 Gurt, Jochen, and Gabriele Elke, "Health Promoting Leadership: The Mediating Role of an Organizational Health Culture", Ergonomics and Health Aspects of Work with Computers: International Conference, EHAWC 2009, Held as Part of HCI International 2009, San Diego, CA, USA, July 19–24, 2009, Proceedings, Springer Berlin Heidelberg, 2009, pp. 29–38.

行健康管理的中高层领导者进行访谈，归纳得出健康型领导可分为组织健康促进活动、支持型领导风格、发展健康促进工作场所三个类别，但并未开发具体量表对三个类别进行测度。[1] Jiménez 等人（2017）从个人—工作环境匹配视角出发，对奥地利各地的领导人进行半结构化访谈，开发了领导自评和员工评价两版量表。[2] 两版问卷内容相同，差异体现在导语部分。领导自评版量表的导语为"作为一名领导者我要注意……"，员工评价版量表的导语为"我的领导关注……"。该量表包含工作负荷、控制、奖励、团体、公平、价值观匹配、健康意识七个维度。这七个维度也被称为健康促进领导条件，其中健康意识维度与健康型领导相关系数最高。该量表共包含 21 个题目，采用李克特 7 分制进行打分，被调查者从 1（从不）到 7（总是）进行评分。

上述量表除 Jiménez 等人（2017）外，均使用李克特 5 点计分法，要求被试者从 1（非常不符合）到 5（非常符合）评价感知到的组织中健康型领导水平。目前研究中使用最多的是 Franke 等人（2014）所编制的量表。由于这些量表在开发过程中仅以某地领导者为研究对象进行访谈或者使用德尔菲法进行量表构建，具有国别、地域、主观等局限性，因此各量表的信效度需要在实证研究中进行进一步的验证。

〔1〕　Eriksson, Andrea, Runo Axelsson, and Susanna Bihari Axelsson, "Health Promoting Leadership—Different Views of the Concept", *Work*, 40.1（2011），pp. 75-84.

〔2〕　Jiménez, Paul, Bianca Winkler, and Anita Bregenzer, "Developing Sustainable Workplaces with Leadership: Feedback About Organizational Working Conditions to Support Leaders in Health-promoting Behavior", *Sustainability*, 9.11（2017），pp. 1944.

表 2-3 健康型领导的维度与测量

量　表	维　度	题目数量	代表题目	评价者	研究者
HOL	健康意识、健康价值观、健康行为	30	领导—健康意识：当我的下属健康出问题时，我会立即察觉到；员工—健康意识：当我的健康出问题时，我的领导会及时察觉到	领导；员工	Franke 和 Felfe（2014）
HPL	健康计划、组织学习实践、工作环境、组织成员发展	18	健康计划：组织的政策、计划和预算反映了健康持续发展的价值观和原则	员工	Barrett 等（2005）
	要求导向、发展导向、支持导向	35	要求导向：我的领导在工作中经常给我带来时间压力	员工	Vincent（2019）
HSL[1]	与任务相关、与关系相关	7	与任务相关：我的上级会经常与我讨论如何促进工作场所健康的目标	员工	Gurt 和 Elke（2009）

---

〔1〕 Gurt 和 Elke 从组织健康和安全量表（Organizational Health and Safety）中提取相关题目对健康型领导进行测度。

量　表	维　度	题目数量	代表题目	评价者	研究者
HL	健康意识、工作负荷、控制、奖励、团体、公平、价值观匹配	21	领导—工作负荷：作为一名领导，我会给员工留有足够的时间来完成工作 员工—工作负荷：我的领导会为我预留充足的时间完成工作	领导；员工	Jiménez 等（2017）

（资料来源：作者根据相关文献整理。"量表"列为各健康型领导英文名称缩写，其中 HOL：Health－Oriented Leadership；HPL：Health－Promoting Leadership；HSL：Health－Specific Leadership；HL：Healthy Leadership）

四、健康型领导的前因研究

目前，有关健康型领导前因的研究较少。主要研究成果来源于 Eriksson 等人（2011），他们利用质性研究法提炼出了健康型领导形成的三个关键条件：组织环境、领导者的个人特征和领导可获得的支持。[1]其中，组织环境包含工作环境、支持健康促进活动的财务预算、组织的健康氛围与文化；领导者个人特征包含自身的健康观、健康知识储备水平、本身的健康状况和管理能力；领导可获得的支持包括来自下属、客户和上

---

[1] Eriksson, Andrea, Runo Axelsson, and Susanna Bihari Axelsson, "Health Promoting Leadership—Different Views of the Concept", *Work*, 40. 1（2011）, pp. 75-84.

级的支持，也就是领导者从外部环境中感知到的支持感。上述这些要素均对健康型领导的形成有积极作用。

五、健康型领导的后果研究

目前有关健康型领导的作用效果研究多集中于个体层面，只有少量研究关注团队和组织层面。相关研究采用定性与定量研究相结合的方式，检验了健康型领导对员工健康状况、工作态度、工作行为和其他行为方面的结果。

（一）健康状况

健康型领导对下属的健康状况有显著的正向影响，主要体现在身体健康、心理健康、下属健康问题发生频率和愤怒/紧张情绪。健康型领导促进员工健康的方式有：①直接沟通。领导者通过与员工直接沟通，帮助员工加强工作场所内外的自我健康意识。②健康管理实践。领导者为员工合理安排工作任务和改善员工的工作环境。③树立自我健康的榜样。领导者的个人影响力容易使员工效仿其健康的生活方式，以便更好地跟随领导。[1][2]

Gurt 等（2011）对德国税务部门员工进行大样本调查发现，当员工在工作中处于持续高压状态时，他们很容易出现食

---

〔1〕 Franke, Franziska, and Jörg Felfe, "Diagnose Gesundheitsförderlicher Führung-Das Instrument 'Health-oriented Leadership' ", *Fehlzeiten-Report* 2011: *Führung und Gesundheit: Zahlen, Daten, Analysen aus allen Branchen der Wirtschaft*, (2011), pp. 3-13.

〔2〕 Franke, Franziska, Jörg Felfe, and Alexander Pundt, "The Impact of Health-oriented Leadership on Follower Health: Development and Test of a New Instrument Measuring Health-promoting Leadership", *German Journal of Human Resource Management*, 28. 1-2 (2014), pp. 139-161.

欲不振、失眠、情绪低落等生理和心理问题；相反，组织实施健康促进管理方式能够在一定程度上舒缓员工工作压力，对员工愤怒/紧张情绪产生抑制作用。[1]国内学者刘贝妮（2016b）采用问卷调查的方式发现，在健康型领导管理下，员工健康问题发生频率会下降。[2]Klebe 等（2021）研究发现，Covid-19流行期间员工在工作场所面临的压力水平是不断增加的，但健康型领导能够促进追随者的健康状况。这表明在重大突发事件背景下，健康型领导的积极作用也是显著的。[3]

图 2-1　健康型领导对健康状况的作用机制

（二）工作态度

健康型领导对员工工作态度的正向影响包含工作满意度、情感承诺、员工敬业度、工作脱离程度、职业使命感；负向影响包含工作倦怠、离职意愿。

〔1〕　Gurt, Jochen, Christian Schwennen, and Gabriele Elke, "Health-specific leadership：Is there an Association between Leader Consideration for the Health of Employees and their Strain and Well-being?", *Work & Stress*, 25. 2（2011），pp. 108-127.

〔2〕　刘贝妮：《健康促进型领导的内涵、测量及对下属健康状况的影响》，载《中国人力资源开发》2016年第15期，第48~56页。

〔3〕　Klebe, Laura, Jörg Felfe, and Katharina Klug, "Healthy Leadership in Turbulent Times：The Effectiveness of Health-oriented leadership in crisis", *British Journal of Management*, 32. 4（2021），pp. 1203-1218.

1. 工作满意度

Milner 等人（2015）研究发现，健康型领导能够提高员工的工作满意度。主要的原因是领导实行工作场所健康管理一方面让员工感知到组织对其健康是十分重视的，另一方面也是提高员工福利的体现。[1]Skarholt 等（2016）对挪威建筑、能源、医疗和保洁四个行业的员工进行调查，发现在不同行业中健康型领导均能提高员工的工作满意度。[2]

健康型领导对员工工作态度的正向影响研究还包括：Kaluza 等人（2020）发现健康型领导与员工的情感承诺、工作敬业度呈正相关关系。[3]国内学者刘贝妮（2016）发现健康型领导通过主动设置工作场所的空间切断，即在非工作时间不侵扰员工的私人生活，帮助员工进行工作脱离和认知资源的恢复，进而表明这种领导方式对员工工作脱离有显著的正向影响。[4]Trude 等（2018）通过对 12 名护士进行半结构化访谈，定性分析得出健康型领导能够促进护士的专业和个人技能，同时也增强了护士本身的工作意义（职业使命感）。[5]

〔1〕 Milner, Karen, et al., "The Relationship Between Leadership Support, Workplace Health Promotion and Employee Wellbeing in South Africa", *Health Promotion International*, 30.3 (2015), pp. 514-522.

〔2〕 Skarholt, Kari, et al., "Health Promoting Leadership Practices in Four Norwegian Industri-es", *Health Promotion International*, 31.4 (2016), pp. 936-945.

〔3〕 Kaluza, Antonia J., et al., "How do Leaders' Perceptions of Organizational Health Climate Shape Employee Exhaustion and Engagement? Toward a Cascading-effects Model", *Human Resource Management*, 59.4 (2020), pp. 359-377.

〔4〕 刘贝妮：《健康领导力的结构维度及其对下属的影响机制研究》，载《领导科学》2016 年第 29 期，第 34~37 页。

〔5〕 Furunes, Trude, Anita Kaltveit, and Kristin Akerjordet, "Health-promoting Leadership: A Qualitative Study from Experienced Nurses' Perspective", *Journal of Clinical Nursing*, 27.23-24 (2018), pp. 4290-4301.

2. 工作倦怠

如果缺乏工作场所健康保障措施，员工工作倦怠风险会在组织中频发。Jiménez 等（2017）认为健康型领导将是解决员工工作倦怠的重要方式。[1]健康型领导可以通过改变员工高压快节奏的工作方式和增加员工的健康资源，从而使员工精力得到恢复，缓解工作倦怠现象。国外学者对健康型领导与员工工作倦怠之间的关系进行了实证研究，如 Horstmann（2018）抽取德国 24 家老年护理机构 525 名工作人员进行问卷调查，发现处于健康型领导下的员工工作倦怠现象普遍较低。[2]Santa 等（2019）以德国警察群体为研究对象，发现注重健康的领导对倦怠、抑郁等消极态度和情绪呈负相关关系。[3]

3. 离职意愿

健康型领导注重对员工的健康关怀并为员工制定健康管理计划，这会增强员工"组织内部人"的工作角色认知，员工的离职意愿自然而然会降低。国内学者杨新国等（2019）进行实证研究表明，健康型领导会显著降低员工的离职意愿。[4]国

---

〔1〕 Jiménez, Paul, Bianca Winkler, and Anita Bregenzer, "Developing Sustainable Workplaces with Leadership: Feedback About Organizational Working Conditions to Support Leaders in Health-promoting Behavior", *Sustainability*, 9. 11 (2017), p. 1944.

〔2〕 Horstmann, David Jonas., "Health - specific Leadership and Employee Health: the Influence of Contextual and Individual Factors in Healthcare Setting", 25. 3 (2018), pp. 96-106.

〔3〕 Santa Maria, Andreas, et al., "The Impact of Health-oriented Leadership on Police Officers' Physical Health, Burnout, Depression and Well-being", *Policing: A Journal of Policy and Practice*, 13. 2 (2019), pp. 186-200.

〔4〕 杨新国、蓝媛美、朱蕙帆：《健康促进型领导与工作绩效、离职意向的实证研究——职场孤独感的中介作用》，载《湖南财政经济学院学报》2019 年第 4 期，第 73~81 页。

外学者 Horstmann（2018）发现，健康型领导能够降低员工的离职意愿，这一机制可以通过降低员工的职业倦怠程度实现。[1]

（三）工作行为

1. 工作绩效

在工作要求—资源模型视角下，健康型领导会通过为员工制定合理的工作要求，并给予其充足的工作资源来提高工作绩效。国内学者万鹏宇（2018）以医生为访谈对象进行访谈发现，医院加强良好健康医患关系环境建设能够显著提高医生的任务绩效。[2]与此同时，国内学者杨新国等（2019）对国内多地企事业单位共计 691 名员工进行调查，发现健康型领导能够显著正向影响员工工作绩效。[3]上述两项研究均在组织社会稳定期间进行，国外 Klebe 等（2021）检验了健康型领导在危机背景下对员工工作绩效的影响。[4]在 Covid-19 期间，虽然员工的压力水平不断增加，但健康型领导对工作绩效仍呈正向影响，尤其在教育与公共组织中该效应更加明显。

但 Furunes 等人（2018）对 12 名经验丰富的护士进行访

〔1〕 Horstmann, David Jonas. , "Health-specific Leadership and Employee Health: the Influence of Contextual and Individual Factors in Healthcare Setting", 25. 3（2018）, pp. 96-106.

〔2〕 万鹏宇：《健康促进型领导、职场孤独感与医生任务绩效关系研究》，广西大学 2018 年硕士学位论文。

〔3〕 杨新国、蓝媛美、朱薏帆：《健康促进型领导与工作绩效、离职意向的实证研究——职场孤独感的中介作用》，载《湖南财政经济学院学报》2019 年第 4 期，第 73~81 页。

〔4〕 Klebe, Laura, Jörg Felfe, and Katharina Klug, "Healthy Leadership in Turbulent Times: The Effectiveness of Health-oriented Leadership in Crisis", *British Journal of Management*, 32. 4（2021）, pp. 1203-1218.

谈发现，健康型领导会在短期内降低其工作绩效，主要原因是领导人在短期通过减少工作量来减轻其工作压力；但就长期而言，健康型领导力还是能够显著提升员工的工作绩效。[1]

2. 缺勤率

员工的高缺勤率在一定程度上将影响组织的劳动生产率。在欧洲，超过 50% 的员工缺勤是工作压力导致的。[2]Dellve 等（2007）分析了领导实行健康管理举措对市政服务人员出勤率的影响。[3]其研究表明，健康型领导能够有效减少这些员工的因病缺勤率。Eriksson 等（2011）对 20 名人力资源部经理进行访谈，发现组织实行工作场所健康促进活动确实能够减少员工请病假的频率。[4]

（四）其他行为

工作家庭冲突作为员工普遍面临的问题可能会给员工带来抑郁症、职业倦怠、幸福指数下降等负面影响。国内学者刘贝妮（2016）分析了健康型领导能通过为员工造就一种舒适的工

---

〔1〕 Furunes, Trude, Anita Kaltveit, and Kristin Akerjordet, "Health-promoting Leadership: A Qualitative Study from Experienced Nurses' Perspective", *Journal of Clinical Nursing*, 27. 23-24 (2018), pp. 4290-4301.

〔2〕 Skakon, Janne, et al., "Are Leaders' Well-being, Behaviours and Style Associated with the Affective Well-being of their Employees? A Systematic Review of Three Decades of Research", *Work & Stress*, 24. 2 (2010), pp. 107-139.

〔3〕 Dellve, Lotta, Katrin Skagert, and Rebecka Vilhelmsson, "Leadership in Workplace Health Promotion Projects: 1-and 2-year Effects on Long-term Work Attendance", *European Journal of Public Health*, 17. 5 (2007), pp. 471-476.

〔4〕 Eriksson, Andrea, Runo Axelsson, and Susanna Bihari Axelsson, "Health Promoting Leadership—Different Views of the Concept", *Work*, 40. 1 (2011), pp. 75-84.

作环境，降低员工的工作压力，提高工作—家庭增益。[1]非工作时间由员工自由安排，意味着其有机会在家庭生活中投入更多的精力，进而减少工作—家庭冲突现象。

（五）健康型领导对组织的影响

健康型领导对组织层面的影响包含企业健康文化和组织能力建设两个方面。Gurt 和 Elke（2009）抽取德国税务局 265 名员工进行多时点动态调查，发现健康型领导对组织健康文化形成有积极影响，且健康文化反过来也会增强健康型领导的水平。[2]此外，Eriksson 等（2011）对瑞典哥德堡地区 70 名人事经理进行半结构化访谈，归纳得出发展健康领导力对组织能力建设有重要的作用。[3]

综上，健康型领导对员工和组织具有积极的影响。但现有研究结论是在对员工或领导者一方的调查基础上得出，没有研究对双方进行配对比较；同时，研究情境相对单一，未来可关注在复杂多变环境或者危机情境下健康型领导的作用效果和机制。

---

〔1〕 刘贝妮：《健康促进型领导的内涵、测量及对下属健康状况的影响》，载《中国人力资源开发》2016 年第 15 期，第 48～56 页。

〔2〕 Gurt, Jochen, and Gabriele Elke, "Health Promoting Leadership: The Mediating Role of an Organizational Health Culture", *Ergonomics and Health Aspects of Work with Computers: International Conference*, EHAWC 2009, *Held as Part of HCI International 2009, San Diego, CA, USA, July 19-24, 2009, Proceedings*, Springer Berlin Heidelberg, 2009, pp. 29-38.

〔3〕 Eriksson, Andrea, Runo Axelsson, and Susanna Bihari Axelsson, "Health Promoting Leadership—Different Views of the Concept", *Work*, 40. 1（2011）, pp. 75-84.

六、健康型领导的作用机制

(一) 中介变量

通过文献梳理，健康型领导对后果变量作用的中介变量主要有员工自我健康意识、职场孤独感、角色模糊、工作满意度和情绪耗竭。

1. 员工自我健康意识

在社会学习理论视角下，个体习得新行为主要依靠观察和模仿两种方式。在组织内，具有健康领导力特质的领导可以作为员工健康行为的榜样，员工在这个学习过程中容易培养自我健康意识，进而更加关心自己的健康状况。国内学者刘贝妮 (2016) 发现，健康型领导通过中介变量员工自我健康意识对下属健康状况产生影响。[1]在资源保存理论视角下，Franke 等 (2014) 和 Horstmann (2018) 发现健康型领导可以通过向员工提供健康资源来改变员工的健康意识、健康价值观和健康行为，最终降低员工的工作倦怠程度。[2][3]

2. 职场孤独感

职场孤独感是工作场所中一种典型的消极情绪。杨新国等

〔1〕　刘贝妮:《健康促进型领导的内涵，测量及对下属健康状况的影响》，载《中国人力资源开发》2016 年第 15 期，第 48~56 页。

〔2〕　Franke, Franziska, Jörg Felfe, and Alexander Pundt, "The Impact of Health-oriented Leadership on Follower Health: Development and Test of a New Instrument Measuring Health-promoting Leadership", *German Journal of Human Resource Management*, 28. 1-2 (2014), pp. 139-161.

〔3〕　Horstmann, David Jonas. , "Health-specific Leadership and Employee Health: the Influence of Contextual and Individual Factors in Healthcare Setting", 25. 3 (2018), pp. 96-106.

（2019）选取职场孤独感作为中介变量，探究健康型领导风格对工作绩效和离职倾向的作用机制。他们认为基于情绪信息决策理论，健康型领导作为一种积极领导力能为员工带来较多的正向情绪，这提高了个体的组织归属感，也就相应地降低了个体的职场孤独感。伴随着这种消极情绪的弱化，个体倾向于在组织中表现积极的态度和行为。杨新国等（2019）进行实证研究证明了职场孤独感这一中介变量在解释健康型领导影响工作绩效和离职意向的关系中的有效性。[1]Gurt 等（2011）也验证了健康型领导通过较低的角色模糊和较高的工作满意度均可以实现较低的员工工作压力。[2]

（二）调节变量

通过相关文献梳理，学者通过引入调节变量探讨健康型领导发挥作用的边界条件，具体包括个体差异和情境条件两个方面。

1. 领导者的主动性人格

主动性人格是一种具有高度预测性的人格特征，是指个体采取积极行动从而影响周围环境的一种相对稳定的人格或行为倾向。[3]在组织中，如果管理者表现出高水平的主动性

---

〔1〕 杨新国、蓝媛美、朱薏帆：《健康促进型领导与工作绩效、离职意向的实证研究——职场孤独感的中介作用》，载《湖南财政经济学院学报》2019 年第 4 期，第 73~81 页。

〔2〕 Gurt, Jochen, Christian Schwennen, and Gabriele Elke, "Health‐Specific Leadership: Is there an Association Between Leader Consideration for the Health of Employees and their Strain and Well‐being?", *Work & Stress*, 25. 2 (2011), pp. 108‐127.

〔3〕 Bateman, Thomas S., and J. Michael Crant, "The Proactive Component of Organizational Behavior: A Measure and Correlates", *Journal of Organizational Behavior*, 14. 2 (1993), pp. 103‐118.

人格特征，组织的健康管理将更容易推进。Horstmann（2018）发现，如果健康型领导的主动性人格越典型，其将更积极地改善员工工作环境和实施健康举措，从而降低员工职业倦怠。[1]

2. 权力距离

Winkler 等（2014）关注健康型领导对低技能员工的影响，其通过对德国三家公司的 474 名低技能员工及其上级主管进行调查研究发现，主管的权力距离取向调节了员工对主管健康领导特质产生的积极反馈的感知程度，进而影响员工的幸福感。[2]如果主管的个人权力取向较高，员工对健康型领导产生的积极反馈也会减弱。也就是说即使主管具有健康领导力特质，他们在工作场所中表现出高权力距离取向也会减弱员工对促进健康的领导行为的感知。同时，Winkler 等在研究中也证明了员工的权力距离取向不会对健康型领导发挥积极作用的过程产生影响。

3. 追随者的情绪稳定性

员工自身的情绪稳定性也影响健康型领导正向影响员工的过程，员工自身情绪稳定性越高，健康型领导对员工的积极反馈将更加明显。Bregenzer 等（2019）验证了追随者的情绪稳定性能够显著正向调节健康型领导与工作资源之间的关

---

〔1〕 Horstmann, David Jonas. , "Health-specific Leadership and Employee Health: the Influence of Contextual and Individual Factors in Healthcare Setting", 25. 3 (2018), pp. 96-106.

〔2〕 Winkler, Eva, et al. , "Leadership Behavior as a Health-promoting Resource for Workers in Low-skilled Jobs and the Moderating Role of Power Distance Orientation", *German Journal of Research in Human Resource Management*, 28. 1-2 (2014), pp. 96-116.

系。[1]

可能的调节变量还包括员工的实际健康行为和员工自我成就动机。如果员工本身拥有不良的行为（如吸烟、酗酒、吸毒等），健康型领导在工作场所中实施健康管理行为可能并不能改变这类型员工的健康状况、工作态度及行为。成就动机作为个体向往成功的内在驱动力，具有高成就动机的员工更倾向于选择承担高挑战性的工作，也可能下降自我身体健康的优先级。

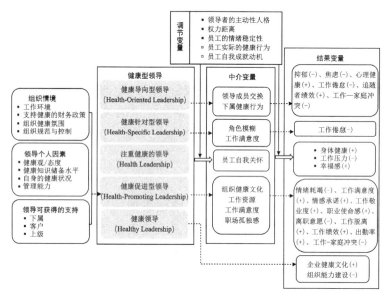

图 2-2　健康型领导的整合式理论研究框架[2]

〔1〕 Bregenzer, Anita, et al., "How followers' Emotional Stability and Cultural Value Orientations Moderate the Impact of Health-promoting Leadership and Abusive Supervision on Health-related Resources", *German Journal of Human Resource Management*, 33.4 (2019), pp. 307-336.
　　〔2〕 边界条件中"·"代表的内容为未来可能的调节变量，没有得到实证检验。

七、讨论

(一) 理论意义

第一，在回顾和总结以往关于健康型领导的文献后，本研究厘清了各种健康型领导的概念内涵、适用情境和研究重点。自本世纪初，学界先后提出包括注重健康的领导、健康领导、健康促进型领导、健康针对型领导和健康导向型领导五种健康型领导的概念，虽然各健康型领导都以提升和促进员工健康为最终目的，但其理论产生背景、研究聚焦点和发展程度均存在差异。通过对各健康型领导产生的时间线、概念内涵、适用情境、研究重点等进行了分类讨论，辨析了各健康型领导的内在区别，对其进行了理论上的分析与对比、逻辑上的梳理与分类，在一定程度上解决了以往该研究领域中概念定义模糊、研究内容重叠、适用情境不明等问题，为健康型领导理论的发展和完善提供了一定的参考与依据。

第二，总结了工作要求—资源模型、社会学习理论和社会交换理论三种健康型领导的主要理论基础，并运用这些理论来解释健康型领导对下属的作用机制。通过分析可以看出只有基于工作要求—资源模型的研究涉及了负向中介效应，其他理论基础多用于解释健康型领导的正向中介作用机制。在研究层次方面，三种理论基础多用于解释个体层面的中介作用机制，对于组织层面的作用机制较少涉及。已有研究主要聚焦于个体层面的正向作用机制，而对于个体层面的负向作用机制、组织层面的作用机制都还缺乏充分深入的研究。因此为未来的进一步研究指明了较为可行的研究方向和路线。

第三，将已有的健康型领导理论及实证研究整合到了一个规范统一的健康型领导理论研究框架中。这个框架清晰明确的区分了五种不同的健康型领导各自的前因、影响效应、中介作用及调节作用机制，厘清了已有研究内容中重叠的部分及不同健康型领导独特关注的部分，为解决该研究领域内观点林立、较为模糊和杂乱的现状提供了明晰的发展脉络，为健康型领导的研究提供了总体研究思路，为健康领导的理论发展、未来研究和实际应用提供了方法与路径。

(二) 管理启示

健康型领导不仅是学界研究的热点问题，也需要引起企业实践的重视。于企业而言，领导者关注自我与员工的身心健康，一方面凸显了领导的有效性，另一方面促进员工健康也进一步提升了员工的长期就业能力，相应地对组织成本也产生有益影响。具体而言，对于企业来说可以从以下两个方面着手：

第一，增强领导者健康意识。随着数字化时代的来临，整个社会正在经历着包括工作模式、生活方式等重大的转型。这些改变一方面对员工和组织的健康发展带来了威胁，同时也为员工和组织的健康管理提供了机遇。领导者采用何种态度、管理方式和组织文化来保障员工健康并实现员工和组织健康的可持续发展是值得探究的问题。因此，组织有必要对领导者进行健康意识和行为培训，使其详细了解遇到不同情况时应当采取哪些具体的健康行为。例如当领导察觉到员工工作压力过大或者出现疲惫现象时，要快速反应做出哪些行为和举措能应对这些负面情绪、态度并对其进行有效干预。同时企业也应当建立常态化的员工健康风险预警和应急管理系统，从而实现员工健康管理的常态化与组织人力资源的可持发展。

第二，完善健康管理制度。目前，随着新型就业形态的发展，劳动者权益保障问题也面临重大挑战。[1]《中华人民共和国民法典》规定，每个自然人均享有健康权。要推进员工健康管理问题，真正实现员工和组织健康的可持续发展需要从国家、社会、企业和员工个人四方面着手。从国家角度来说，完善相关法律法规对劳动者的健康是强有力的保障措施；从社会角度来说，建立全民健康意识和健康管理氛围是十分必要的；从企业角度来说，一方面领导者需要认知到自身所担负的员工健康管理责任，致力于为企业和员工打造一个多层次的健康保障机制。另一方面，企业也需要重构领导者的激励机制以促进健康领导行为的应用；对于劳动者个人而言，也需要在工作和健康两者中找到一个合适的平衡点。只有通过各方的共同努力，才能推进健康中国建设，提高人民健康水平，最终实现个体和组织健康的可持续发展。

八、未来研究展望

通过对上述文献梳理可见，健康型领导在"大健康"背景下对员工个人和组织均产生了积极影响。虽然目前的研究取得了一些成果，但该主题研究仍然存在以下不足之处，可以在未来研究和组织实践中加以完善。

首先，健康型领导作为领导力领域一个新兴的研究方向，未来研究可以对健康型领导的影响因素和作用效果进行更加深

---

〔1〕　孟泉、雷晓天：《"十四五"时期我国劳动关系治理的发展方向与策略选择》，载《中国人力资源开发》2020 年第 12 期，第 34~44 页。

入的研究。就已有研究成果来看，学者对于健康型领导的前因探索多数没有经过相关实证检验，因此深入探讨促进健康型领导的因素是十分必要的；在影响效果上，已有研究对健康状况和工作态度方面的研究已经较为充实。后续研究可以在工作行为，尤其是角色外行为方面进行深入探讨。另外本研究在进行文献梳理的过程中发现，健康型领导虽然会降低员工工作压力，但却增加了员工的角色模糊。[1]可能的原因是，当组织内的领导者一方面向下属提出高工作绩效的要求，另一方面同时鼓励员工进行积极的自我健康促进，这使得员工可能并不清楚组织对他们的期望究竟是什么？亦或究竟如何更好地平衡两者之间的关系？因此，未来研究应关注健康型领导发挥积极作用的边界条件。

其次，通过文献梳理可知现有的健康型领导的研究多通过对领导者本人或员工进行访谈、问卷调查等方式来收集单一时间点的横截面数据进行分析。但是这样依赖于单一时间点的自我报告式的研究方法并没有考虑到内生性的问题，对于研究结论的有效性也有很大影响。同时健康型领导作为一种可持续性的领导力，其作用效力可能随时间推移发生变化，也有可能受到特殊危机事件的影响。因此，未来研究应当综合运用多种研究方法来加强健康型领导的研究。可以使用实验法来确定相关的因果关系并防止内生性；随着数字技术的不断发展和普及，可以通过在工作场所设置的人工智能仪器记录的领导者和员工的表情、行为等进行数据的收集；也可以通过从多个时间点收

---

[1] Gurt, Jochen, Christian Schwennen, and Gabriele Elke, "Health-specific Leadership: Is there an Association Between Leader Consideration for the Health of Employees and their Strain and Well-being?", *Work & Stress*, 25. 2 (2011), pp. 108-127.

集的数据进行纵向追踪调查。未来研究设计中还应包括多个评估者，而不是单独地根据领导者本人或其下属的评分来确定某项分数。例如，通过对领导者的直接上级、领导者本人和下属三个层级的调查，可以考察三个层级之间对健康型领导行为评价的一致性水平以及不同层级评价之间的相互作用。此外，由于不同行业、性质和劳动力结构的企业在工作压力、工作节奏方面本身就存在较大差异，因而未来研究还可以探究不同行业、不同性质企业（如国有企业、民营企业）、不同劳动力结构企业（如知识密集型企业和劳动密集型企业）之间健康型领导行为及作用的异质性。

再次，目前关于健康型领导的研究一般将其作为领导者自上而下单向的行为，检验其有效性的标准是员工健康意识和行为的提升程度。但是健康型领导除了领导者的健康管理行为，还有与下属之间的人际互动，整个过程是领导者与员工之间的沟通与双方认知和行为的动态相互作用。而检验其领导有效性的标准应当是实现员工与组织的健康可持续发展。由于领导过程的有效性一般是根据员工的远端绩效结果进行评估的，因而员工和组织的健康可持续发展才是健康型领导的主要目标。因此，未来可以进一步研究领导者与员工的互动是如何影响双方的情感和健康认知的，进而是如何促进员工的健康行为改变和绩效改善的。可以检验不同的领导者健康管理行为如何在不同程度上影响员工对于健康的情感和认知，这些自我调节过程随后如何影响员工的健康行为，以及这些健康行为对于员工的绩效和可持续发展又有何影响。

最后，目前关于健康型领导的研究主要是在西方文化背景下进行的，中国情境下的实证研究较为缺乏。由于文化在领导有效性方面发挥着重要作用，会对追随者感知到的领导方式有很大影响，因而未来需要更多的基于我国文化背景的研究，更好地为健康型领导跨文化的差异提供理论基础，也为企业推行健康的工作方式提供实践指导。例如，在我国受儒家思想影响的领导者往往会像父母一样保护和关注他们的追随者，而且认为对追随者个人和家庭幸福的关注是体现其仁慈的一种方式。[1]因此，在我国文化背景下工作与非工作领域之间的界限并不像西方那样明确，工作关系与非工作社会关系是融合在一起的，领导者对于下属的影响也不仅局限于工作领域。在这种情境下，如果领导者能够积极利用非工作社会关系来影响下属，是否能够更有效地提升下属的健康意识和行为，实现在工作领域中的健康目标以及健康的可持续发展是未来值得探究的问题。

---

〔1〕 Farh, Jiing-Lih, and Bor-Shiuan Cheng, "A Cultural Analysis of Paternalistic Leadership in Chinese Organizations", *Management and Organizations in the Chinese Context*, (2000), pp. 84-127.

第三章
健康型领导对员工身心健康及
主观幸福感的影响研究

《健康中国行动（2019—2030年）》中提出要开展职业健康保护行动，并把健康企业建设作为健康城市建设的重要内容。随着社会不断发展、生活节奏不断加快、竞争日益加剧，企业员工的健康问题越来越受到社会的广泛关注。职业病、因工作压力大导致的身心健康等问题是危及员工健康的主要方面，那么员工身心健康状态处于何种状态？企业现阶段开展的员工健康促进活动有怎样的成效？作为领导而言，健康型领导行为与员工身心健康以及主观幸福感之间的关系又是怎样的？本章内容基于上述三个主要问题展开讨论。

一、员工身心健康状态调研

（一）员工身心健康及主观幸福感现状分析

1. 样本情况

本研究通过线上调研的方式考察知识型员工的身心健康及主观幸福感现状，共收回问卷400份，对有明显作答规律及作答逻辑前后矛盾的问卷进行剔除后得到有效问卷331份，有效率为82.75%。样本的具体情况见表3-1。

表 3-1　有效样本情况（N=331）

项　目		样本数量	样本所占百分比（%）
性别	男	154	46.5
	女	177	53.5
年龄	30 岁以下	121	36.6
	30~40 岁	119	36.0
	41~50 岁	84	25.4
	50 岁以上	7	2.1
婚姻状况	已婚	276	83.4
	未婚	55	16.6
受教育程度	高中或中专	33	10.0
	大专	62	18.7
	本科	179	54.1
	硕士及以上	57	17.2
工作年限	1 年以下	56	16.9
	1~3 年	171	51.7
	4~10 年	50	15.1
	10 年以上	54	16.3
所在企业类型	私营企业	183	55.3
	国有企业	58	17.5
	外资企业	25	7.6
	合资企业	40	12.1
	事业单位	25	7.6

项　目		样本数量	样本所占百分比（%）
岗位类别	基层工作人员	172	52.0
	基层管理者	87	26.3
	中层管理者	52	15.7
	高层管理者	20	6.0

（资料来源：作者整理）

由表 3-1 可知，从性别方面来看，男性占 46.5%，女性占 53.5%；从年龄方面来看，30 岁以下的员工占 36.6%，30~40 岁占 36.0%，41~50 岁占 25.4%，50 岁以上占 2.1%；在婚姻状况方面，已婚占 83.4%，未婚占 16.6%；在受教育程度方面，高中或中专占 10.0%，大专占 18.7%，本科占 54.1%，硕士及以上占 17.2%；在工作年限方面，1 年以下占 16.9%，1~3 年占 51.7%，4~10 年占 15.1%，10 年以上占 16.3%；在所在企业类型方面，私营企业占 55.3%，国有企业占 17.5%，外资企业占 7.6%，合资企业占 12.1%，事业单位占 7.6%；从岗位类别来看，基层工作人员占 52.0%，基层管理者占 26.3%，中层管理者占 15.7%，高层管理者占 6.0%。

2. 研究工具的选取

（1）身体健康。身体健康量表选自哥本哈根社会心理学问卷（Copenhagen Psychosocial Questionnaire, COPSOQ）问卷，[1] 受访者对当前自身的身体状况做一个总体评价，并进行 0~10

---

[1] Nübling, Matthias, et al., "Measuring Psychological Stress and Strain at Work—Evaluation of the COPSOQ Questionnaire in Germany", *GMS Psycho-Social Medicine*, 3 (2006).

评分。其中，0 表示特别差，10 表示非常好。

（2）心理健康。心理健康量表选自 12 题项一般健康问卷（12-item general health questionnaire，GHQ12）。[1]量表采用 4 点计分，分数越高，代表心理健康状况越差。受访者自评其最近一个月内的心理健康状况，例如，"有由于过分担心而失眠的情况吗？""总是处于紧张/压力状态吗？""在做事情能集中精神吗？"

（3）主观幸福感。主观幸福感的测量采用生活满意度量表（Satisfaction with Life Scale，SWLS），[2]问卷使用 7 点计分法，1 表示非常不同意，7 表示非常同意。具体包括 5 个题目，如"总的来说，我对生活感到满意"。

3. 变量的描述性统计分析

由于各量表的计量点数不同，本研究将其转化为 5 点计分得分，以更好地进行比较分析。整体上，被调研者的身心健康水平、主观幸福感程度都处于中上水平。由表 3-2 可知，其中，身体健康的平均值为 4.19，心理健康的平均值为 4.05，主观幸福感的平均值为 4.12。

表 3-2　变量的描述性统计分析

变量	平均值	标准差	最小值	最大值
身体健康	4.19	0.995	1.00	5.00
心理健康	4.05	0.856	1.44	4.89

〔1〕 Goldberg, D. P. , T. Oldehinkel, and Jahn Ormel, "Why GHQ Threshold Varies from One Place to Another", *Psychological Medicine*, 28. 4 (1998), pp. 915-921.

〔2〕 Diener, E. D. , et al. , "The Satisfaction with Life Scale", *Journal of Personality Assessment*, 49. 1 (1985), pp. 71-75.

续表

变量	平均值	标准差	最小值	最大值
主观幸福感	4.12	0.790	1.60	4.87

（资料来源：作者整理）

（二）员工身心健康及主观幸福感差异性分析

为了进一步了解员工身心健康以及主观幸福感状况，本研究在性别、年龄、教育程度、所在组织类型、工作时间方面对员工身心健康及主观幸福感水平进行了差异性分析。

1. 性别视角

由表3-3可知，男性受访者在身体健康、心理健康和主观幸福感三个方面的平均得分均高于女性受访者。尤其是在身体健康这一维度，独立样本t检验结果显示：男性受访者的身体健康水平要显著高于女性受访者，其均值分别为4.34、4.05。而在心理健康和主观幸福感两个维度上，男女两个组别不存在显著性差异。

表3-3　身心健康及主观幸福感在性别方面的差异分析

变量	组别	平均值	标准差	平均值差值	T值	显著性（双尾）
身体健康	男	4.34	0.984	0.287	2.642	0.009 **
	女	4.05	0.989			
心理健康	男	4.12	0.809	0.126	1.332	0.184
	女	4.00	0.894			
主观幸福感	男	4.14	0.693	0.023	0.267	0.790
	女	4.11	0.868			

（注：* p<0.05，** p<0.01，*** p<0.001）

2. 年龄视角

由表 3-4 可知，不同年龄组在身体健康、心理健康和主观幸福感三个维度上的得分存在显著性差异。具体而言，在身体健康方面，50 岁以上的受访者自评得分最高，30 岁以下的受访者自我评分最低，各年龄段自评的身体健康得分分别为 3.85、4.41、4.29、5.00；在心理健康方面，50 岁以上的受访者自评得分最高，30 岁以下的受访者自我评分最低，各年龄段自评的心理健康得分分别为 3.82、4.10、4.31、4.33；在主观幸福感方面，41~50 岁的受访者自评得分最高，50 岁以下的受访者自我评分最低，各年龄段自评的主观幸福感得分分别为 3.99、4.14、4.30、3.93。整体上，30 岁以下的受访者在身体健康、心理健康和主观幸福感三个方面的自我评分均值在 4.00 以下。

表 3-4　身心健康及主观幸福感在年龄方面的差异分析

变量	组别	平均值	标准差	标准误差	平方和	F 值	显著性
身体健康	30 岁以下	3.85	1.279	0.116	组间：25.135 组内：301.686	9.081	0.000***
	30~40 岁	4.41	0.685	0.063			
	41~50 岁	4.29	0.776	0.085			
	50 岁以上	5.00	0.000	0.000			
心理健康	30 岁以下	3.82	1.110	0.101	组间：13.296 组内：228.558	6.341	0.000***
	30~40 岁	4.10	0.737	0.068			
	41~50 岁	4.31	0.447	0.049			
	50 岁以上	4.33	0.000	0.000			

续表

变量	组别	平均值	标准差	标准误差	平方和	F 值	显著性
主观幸福感	30 岁以下	3.99	0.995	0.090	组间：5.204 组内：200.970	2.822	0.039*
	30~40 岁	4.14	0.718	0.066			
	41~50 岁	4.30	0.506	0.055			
	50 岁以上	3.93	0.000	0.000			

（注：* p<0.05，** p<0.01，*** p<0.001）

3. 婚姻状况视角

由表 3-5 可知，已婚受访者在身体健康、心理健康和主观幸福感三个方面的平均得分均高于未婚受访者，并且存在显著性差异。独立样本 t 检验结果显示：已婚受访者的身体健康水平要显著高于未婚受访者，其均值分别为 4.26、3.81；在心理健康维度，两组的均值分别为 4.18、3.40；在主观幸福感维度，两组的均值分别为 4.21、3.71。

表 3-5 身心健康及主观幸福感在婚姻状况方面的差异分析

变量	组别	平均值	标准差	平均值差值	T 值	显著性（双尾）
身体健康	已婚	4.26	0.874	0.455	3.138	0.002**
	未婚	3.81	1.410			
心理健康	已婚	4.18	0.689	0.779	6.539	0.000***
	未婚	3.40	1.242			

变量	组别	平均值	标准差	平均值差值	T 值	显著性（双尾）
主观幸福感	已婚	4.21	0.666	0.496	4.369	0.000***
	未婚	3.71	1.161			

（注：*p<0.05，**p<0.01，***p<0.001）

4. 受教育程度视角

由表 3-6 可知，不同受教育程度组在心理健康和主观幸福感两个维度上的得分存在显著性差异。具体而言，在心理健康方面，受教育水平在高中或中专的受访者自评得分最高，硕士及以上的受访者自我评分最低，各受教育程度自评的心理健康得分分别为 4.21、3.97、4.19、3.64；在主观幸福感方面，本科的受访者自评得分最高，硕士及以上的受访者自我评分最低，各受教育程度自评的主观幸福感得分分别为 4.16、4.14、4.23、3.74。而在身体健康方面，高中或中专的受访者自评得分最高，硕士及以上的受访者自我评分最低，各年龄段自评的身体健康得分分别为 4.33、4.23、4.21、3.98。整体上，硕士及以上的受访者在身体健康、心理健康和主观幸福感三个方面的自我评分均值在 4.00 以下。

表 3-6　身心健康及主观幸福感在受教育程度方面的差异分析

变量	组别	平均值	标准差	标准误差	平方和	F 值	显著性
身体健康	高中或中专	4.33	0.810	0.141	组间：3.289 组内：323.532	1.108	0.346
	大专	4.23	1.029	0.131			

变量	组别	平均值	标准差	标准误差	平方和	F 值	显著性
	本科	4.21	0.916	0.068			
	硕士及以上	3.98	1.258	0.167			
心理健康	高中或中专	4.21	0.653	0.114	组间：14.033 组内：227.821	6.714	0.000***
	大专	3.97	0.958	0.122			
	本科	4.19	0.654	0.049			
	硕士及以上	3.64	1.210	0.160			
主观幸福感	高中或中专	4.16	0.664	0.116	组间：10.701 组内：195.473	5.967	0.001**
	大专	4.14	0.849	0.108			
	本科	4.23	0.633	0.047			
	硕士及以上	3.74	1.086	0.144			

（注：* p<0.05，** p<0.01，*** p<0.001）

5. 工作年限

由表3-7可知，工作年限组在身体健康、心理健康和主观幸福感三个维度上的得分存在显著性差异。具体而言，在身体健康方面，4~10年的受访者自评得分最高，1年以下的受访者自我评分最低，各工作年限自评的身体健康得分分别为4.04、4.09、4.51、4.34；在心理健康方面，4~10年的受访者自评得分最高，1~3年的受访者自我评分最低，各工作年限自评的心理健康得分分别为4.20、3.91、4.36、4.08；在主观幸福感方面，1年以下的受访者自评得分最高，1~3年的受访

者自我评分最低，各年龄段自评的主观幸福感得分分别为
4.49、3.93、4.36、4.15。

表 3-7　身心健康及主观幸福感在工作年限方面的差异分析

变量	组别	平均值	标准差	标准误差	平方和	F 值	显著性
身体健康	1 年以下	4.04	0.985	0.132	组间：9.328 组内：317.493	3.202	0.024*
	1~3 年	4.09	1.128	0.086			
	4~10 年	4.51	0.573	0.081			
	10 年以上	4.34	0.774	0.105			
心理健康	1 年以下	4.20	0.670	0.090	组间：9.489 组内：232.365	4.451	0.004**
	1~3 年	3.91	1.005	0.077			
	4~10 年	4.36	0.236	0.033			
	10 年以上	4.08	0.793	0.108			
主观幸福感	1 年以下	4.49	0.657	0.088	组间：16.734 组内：189.440	9.629	0.000***
	1~3 年	3.93	0.857	0.066			
	4~10 年	4.36	0.422	0.060			
	10 年以上	4.15	0.778	0.106			

（注：*p<0.05，**p<0.01，***p<0.001）

6. 组织类型

由表 3-8 可知，不同组织类型组在身体健康、心理健康和主观幸福感三个维度上的得分存在显著性差异。具体而言，在身体健康方面，事业单位的受访者自评得分最高，合资企业的受访者自我评分最低，各组织类型自评的身体健康得分分别为 4.13、4.36、4.44、3.83、4.55；在心理健康方面，国有企业的受访者自评得分最高，合资企业的受访者自我评分最低，

各组织类型自评的心理健康得分分别为 3.95、4.37、4.36、3.87、4.04；在主观幸福感方面，外资企业的受访者自评得分最高，合资企业的受访者自我评分最低，各组织类型自评的主观幸福感得分分别为 4.09、4.23、4.44、3.87、4.18。整体上，合资企业的受访者在身体健康、心理健康和主观幸福感三个方面的自我评分均值在 4.00 以下。

表 3-8　身心健康及主观幸福感在组织类型方面的差异分析

变量	组别	平均值	标准差	标准误差	平方和	F 值	显著性
身体健康	私营企业	4.13	1.061	0.078	组间：12.425 组内：314.396	3.221	0.013 **
	国有企业	4.36	0.678	0.089			
	外资企业	4.44	0.653	0.131			
	合资企业	3.83	1.193	0.189			
	事业单位	4.55	0.851	0.170			
心理健康	私营企业	3.95	0.975	0.072	组间：11.209 组内：230.645	3.961	0.004 **
	国有企业	4.37	0.206	0.027			
	外资企业	4.36	0.176	0.035			
	合资企业	3.87	1.070	0.169			
	事业单位	4.04	0.641	0.128			
主观幸福感	私营企业	4.09	0.862	0.064	组间：6.018 组内：200.156	2.450	0.046 *
	国有企业	4.23	0.284	0.037			
	外资企业	4.44	0.395	0.079			
	合资企业	3.87	1.027	0.162			
	事业单位	4.18	0.805	0.161			

（注：* $p < 0.05$，** $p < 0.01$，*** $p < 0.001$）

7. 职位类别

由表3-9可知，不同职位类别的员工在身体健康、心理健康和主观幸福感三个维度上的得分不存在显著性差异。具体而言，在身体健康方面，各职位类别自评的身体健康得分分别为4.10、4.18、4.35、4.52；在心理健康方面，各职位类别自评的心理健康得分分别为4.12、3.94、4.00、4.13；在主观幸福感方面，各职位类别自评的主观幸福感得分分别为4.20、4.01、4.03、4.19。

表3-9　身心健康及主观幸福感在职位类别方面的差异分析

变量	组别	平均值	标准差	标准误差	平方和	F 值	显著性
身体健康	基层工作人员	4.10	1.099	0.084	组间：4.970 组内：321.852	1.683	0.170
	基层管理者	4.18	0.970	0.104			
	中层管理者	4.35	0.696	0.096			
	高层管理者	4.52	0.718	0.161			
心理健康	基层工作人员	4.12	0.805	0.061	组间：2.291 组内：239.563	1.042	0.374
	基层管理者	3.94	0.946	0.101			
	中层管理者	4.00	0.813	0.113			
	高层管理者	4.13	0.976	0.218			
主观幸福感	基层工作人员	4.20	0.705	0.054	组间：2.820 组内：203.354	1.511	0.211
	基层管理者	4.01	0.945	0.101			
	中层管理者	4.03	0.772	0.107			
	高层管理者	4.19	0.762	0.170			

（注：$^*p<0.05$，$^{**}p<0.01$，$^{***}p<0.001$）

二、工作场所健康促进现状及满意度调研

（一）工作场所健康活动参与现状

由图3-1可知：在331名受访者中，有70.39%的员工表示自己参加过工作场所健康促进的相关活动，而有29.61%的员工表示自己没有参与过工作场所健康活动。

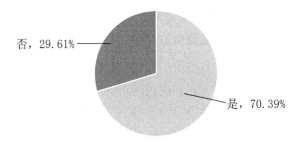

否，29.61%

是，70.39%

图3-1　工作场所健康促进活动参与情况（N=331）

进一步，本研究调研了未参与过工作场所健康促进相关活动的主要原因。结果显示：有67.35%的员工表示企业未开展相关活动，有27.55%的员工表示对工作场所健康促进活动缺乏兴趣，有6.12%的员工则表示自己因为没有时间而未参与工作场所健康促进相关活动。

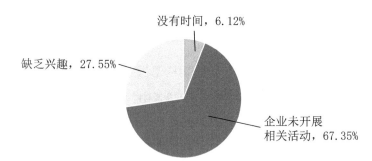

图 3-2　员工未参与工作场所健康促进活动的主要原因 （N=98）

（二）工作场所健康促进现状

下文详细调研了各组织工作场所健康促进实施情况，分别从工作场所健康促进方式和效果两个方面展开论述。

1. 工作场所健康促进方式

在调研中，企业开展较多的工作场所健康促进活动是"工作场所健康教育（如卫生、防止职业病知识培训）"、"健康风险性评估"和"配置健身房、活动室、广场"。具体情况见图 3-3。

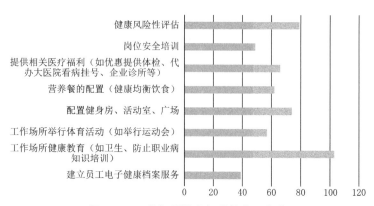

图 3-3　工作场所健康促进的主要方式

2. 工作场所健康促进效果

在调研中，参与过企业组织开展的工作场所健康促进活动的员工评价活动对其的影响，评价内容包括工作场所健康促进活动对精神面貌、工作状态、工作满意度、生活方式、健康状况、职业病危害防护意识、疾病防治意识的影响。本研究采用5点评分法，选择"非常积极的影响"计5分，积极影响计4分、没有影响计3分、消极影响计2分、非常消极的影响计1分。由表3-10可知，员工评价工作场所健康促进活动对其工作满意度带来了最积极的作用，对工作状态、疾病防治意识的影响也均超过4分。

表 3-10　工作场所健康促进对员工的影响情况

评价内容	平均值	标准差	最小值	最大值
精神面貌	3.94	0.846	1	5
工作状态	4.16	0.954	1	5
工作满意度	4.43	0.904	1	5
生活方式	3.68	0.995	1	5
健康状况	3.82	1.162	1	5
职业病危害防护意识	3.94	0.998	1	5
疾病防治意识	4.32	1.007	1	5

（三）工作场所健康促进满意度调研

最后，参与调研的员工对所在单位现阶段开展的健康促进活动满意程度进行了相关评价，结果见图3-4。总体上，员工对组织实施的工作场所健康促进活动表示"满意"和"非常满意"的占65.24%；表示"不满意"和"非常不满意"的仅占6.87%。

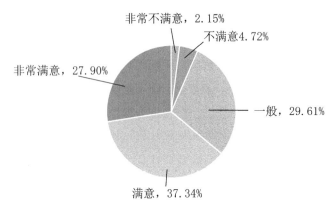

图 3-4　员工对工作场所健康促进活动的满意程度

三、健康型领导对员工身心健康及主观幸福感的影响研究

(一) 引言

有关员工健康的探讨在企业管理学术界与实践界早已成为了一个"老生常谈"的话题，企业通过实施员工健康管理（如员工帮助计划、工作压力管理）来帮助员工进行职业病防治、保障其自身健康。特别是在十九大报告中提出："健康中国"作为我国的一项重要发展战略，同时把人民健康放在了优先发展的战略地位。而对于企业而言，做好职工健康保障工作不仅是企业社会责任的体现，更是推动组织健康、可持续发展的重要措施。

已有学者在员工健康管理的模式和方法上进行了较多探究，学者们同时验证了领导的管理方式将影响员工的身心健康。总体而言，积极的领导力对员工身心健康有正向影响，如变革型领导、真实型领导、健康型领导、公仆型领导等；消极的领导力与员工身心健康呈现负相关关系，如破坏型领导，领导对员工进行辱虐管理将对员工身体健康有长期的负面影响。其中，健康型领导作为一种新型的领导力，是指领导者基于自身的健康认识和价值观，通过一系列健康管理行为促进员工健康，最终实现员工与组织的健康可持续发展。在国内，健康型领导属于刚起步阶段，中国知网（CNKI）总发文量仅有5篇。虽然国外学者实证检验了健康型领导对下属身体状况、心理健康的正向影响，但研究多在欧美国家进行。本研究基于资源保存理论，在中国文化情境下探究健康型领导与员工身心健康及主观幸福感之间的关系。

（二）理论基础与假设提出

1. 资源保存理论

资源保存理论（COR）指出，个体具有保存、保护和获取资源的倾向。个体的资源既包括内部资源（心理资源等），也包括外部资源（社会资源等）。当潜在资源或实际资源受到损失危险时，都会引发个体的紧张和压力。在此压力情境下，个体倾向于使用现有资源去获取新资源或者积极构建和维护当前的资源储备以应对资源损失的情境。[1][2]在本研究中，我们可以把健康型领导传递的健康生活方式、健康的价值观视为内部资源，健康型领导实施的健康促进活动视为一种外部支持性资源。在健康型领导的管理方式下，下属能够合理使用内外

---

[1] Hobfoll, Stevan E., "Conservation of Resources: A New Attempt at Conceptualizing Stress", *American Psychologist*, 44. 3 (1989), p. 513.

[2] Hobfoll, Stevan E., et al., "Conservation of Resources in the Organizational Context: The Reality of Resources and Their Consequences", *Annual Review of Organizational Psychology and Organizational Behavior*, 5 (2018), pp. 103-128.

部资源处理工作需求，从而保证自己在工作中"游刃有余"，保持身心健康的状态。

2. 健康型领导与身体健康

身体健康指个体没有罹患疫病。工作场所中员工身体健康主要指企业要保证劳动者在工作场所中减少患有职业病的概率。据我国职业病防治法规定：职业病是指企业、事业单位和个体经济组织等用人单位的劳动者在职业活动中，因接触粉尘、放射性物质和其他有毒、有害物质等因素而引起的疾病。我国法定职业病包括尘肺病、颈椎病、萝卜腿等十类 115 种职业病。

国外相关研究已经证明了健康型领导对下属的健康状况有显著的正向影响，增强下属自我关怀或自我健康意识可以作为其中的中介机制。健康型领导能够及时关注下属的健康状况，向其传递健康的生活、工作方式，为其制定合理的工作计划；同时健康型领导自身也拥有良好的工作、生活方式，下属通过效仿直系领导的生活方式来培养自我的健康生活方式，进而促进其身体健康。综上所述，本研究提出以下假设：

H1：健康型领导能够正向促进员工的身体健康状况

3. 健康型领导与心理健康

世界卫生组织将心理健康定义为：个体能够适应动态发展的环境，具有完善的个性特征，且其认知、情绪反应、意志行为都处于积极状态，能保持正常的调控能力。心理健康的七条标准是：①智力正常；②善于协调和控制情绪；③具有较强的意志和品质；④人际关系和谐；⑤能动地适应并改善现实环境；⑥保持人格的完整和健康；⑦心理行为符合年龄特征。国内有关心理健康的研究集中于青少年、农村居民、流动人口、老年人、劳动者等几个主要群体，有关心理健康的主要前因变量包括工作环境、心理资本、劳动者个人身体状况、组织氛围、领导行为等，如 Montano 等（2017）采用元分析综述了领导力、追随者心理健康、工作绩效三者的关系。[1]心理健康选取情感症状、倦怠、压力、幸福感、心理恢复能力和健康投诉六个方面。Meta 分析的结果表明：变革型领导、高质量的以关系为导向、以任务为导向、领导成员交换均能正向影响员工心理健康水平，而破坏性领导却与心理健康呈负相关关系。

健康型领导主要通过调整员工面对的职场压力进而提高员工的心理健康水平。健康型领导能够弥补工作压力带来的个人资源损耗，同时健康型领导能够给予员工持续的个人资源补充，个体在健康的工作氛围下能够保持积极的情绪，进而减少员工的心理压力、提高其心理健康水平。综上所述，本研究提出以下假设：

H2：健康型领导能够正向促进员工的心理健康水平

4. 健康型领导与主观幸福感

主观幸福感是指个体按照一定标准对其生活中各个领域的满意程度做出的综合性判断。[2]主观幸福感的相关研究是伴随着积极心理学的兴起而发展起来的。20 世纪 70 年代，国外

---

[1]　Montano, Diego, et al., "Leadership, Followers' Mental Health and Job Performance in Organizations: A Comprehensive Meta-analysis from an Occupational Health Perspective", *Journal of Organizational Behavior*, 38. 3 (2017), pp. 327–350.

[2]　Pavot, William, and Ed Diener, "The Affective and Cognitive Context of Self-reported Measures of Subjective Well-being", *Social Indicators Research*, 28 (1993), pp. 1–20.

学者 Wilson（1967）发表了第一篇关于幸福感的研究综述，详细介绍了主观幸福感的测量、维度以及主要特征。[1]进一步，相关学者开始探究主观幸福感的具体内涵，大多数学者认为个体的主观幸福感包含生活满意度和情绪体验两个方面。同时，在经济学分支衍生出了"幸福经济学"。

有关主观幸福感的影响因素可以大致分为宏观因素和微观因素，宏观因素包括收入、通货膨胀、城市化等，微观因素包括工作特征（工作时长、工作自由量裁权、领导支持等）。特质观视角下的健康型领导指领导者基于自身的健康价值观，培养促进员工身心健康的意识，进而实施支持下属健康发展的相关举措以改善员工和组织的健康状况，最终实现员工与组织健康可持续发展。[2][3]而且在健康型领导这一研究兴起的过程中，早在1978年国外学者 Gavin 在研究工作环境对矿工主观幸福感的影响时就提出：组织应该在工作场所中实施健康管理理念与实践，为劳动者创造良好的工作环境和提高基层劳动者的福祉。[4]综上所述，本研究提出以下假设：

H3：健康型领导能够正向促进员工的主观幸福感

〔1〕 Wilson，Warner R.，"Correlates of Avowed Happiness"，*Psychological Bulletin*，67. 4（1967），p. 294.

〔2〕 Franke，Franziska，and Jörg Felfe，"Diagnose Gesundheitsförderlicher Führung-Das Instrument 'Health-oriented Leadership'，*Fehlzeiten-Report* 2011：*Führung und Gesundheit：Zahlen，Daten，Analysen aus allen Branchen der Wirtschaft*，（2011），pp. 3-13.

〔3〕 刘贝妮：《健康领导力的结构维度及其对下属的影响机制研究》，载《领导科学》2016年第29期，第34~37页。

〔4〕 Gavin，James F.，and Robert E. Kelley，"The Psychological Climate and Reported Well-being of Underground Miners：An Exploratory Study"，*Human Relations*，31. 7（1978），pp. 567-581.

综上所述，提出了本研究的研究模型（见图3-5）。

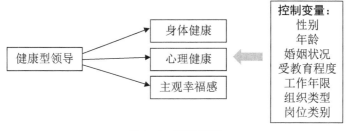

图3-5 研究模型

（三）研究方法

1. 研究样本与程序

本研究对私营企业、国有企业、外资企业、合资企业和事业单位的员工采用线上调研的方式。问卷包含三个部分，第一部分为个人基本信息，第二部分为工作场所健康促进现状调研，第三部分是由员工评价其直属领导所具备的健康型领导水平。最终得到有效样本量为331份。

2. 测量

本研究所采用的量表均为国内外学者编制的成熟量表，所有题项最终均转化为李克特5点计分法。

（1）健康型领导。由 Franziska Franke 和 Jörg Felfe（2014）编制，该量表包含领导版和员工版，每版31个题目，包含健康认识、健康价值和健康行为三个维度。[1]领导版量表题目

---

[1] Franke, Franziska, Jörg Felfe, and Alexander Pundt, "The Impact of Health-oriented Leadership on Follower Health: Development and Test of a New Instrument Measuring Health-promoting Leadership", *German Journal of Human Resource Management*, 28. 1-2 (2014), pp. 139-161.

如"当我的下属健康出问题时，我会立即察觉到""对我而言，下属的健康是非常重要的""我会建议下属追求健康的生活方式（例如健康饮食、戒烟、运动）"等；相对应的员工版量表包含的题目"当我的健康出问题时，我的领导会及时察觉到""我的健康对领导而言是非常重要的""我的领导会建议我追求健康的生活方式（例如健康饮食、戒烟、运动）"。

（2）身体健康。身体健康量表选自哥本哈根社会心理学问卷（Copenhagen Psychosocial Questionnaire，COPSOQ），[1]受访者对当前自身的身体状况做一个总体评价，并进行 0~10 评分。其中，0 表示特别差，10 表示非常好。

（3）心理健康。心理健康量表选自 12 题项一般健康问卷（12-item general health questionnaire，GHQ12）。[2]量表采用 4 点计分，分数越高，代表心理健康状况越差。受访者自评其最近一个月内的心理健康状况，例如，"有由于过分担心而失眠的情况吗？""总是处于紧张/压力状态吗？""在做事情时能集中精神吗？"

（4）主观幸福感。主观幸福感的测量采用生活满意度量表（Satisfaction with Life Scale，SWLS），[3]问卷使用 7 点计分法，1 表示非常不同意，7 表示非常同意。具体包括 5 个题目，如"总的来说，我对生活感到满意"。

---

〔1〕 Nübling, Matthias, et al. , "Measuring Psychological Stress and Strain at Work—Evaluation of the COPSOQ Questionnaire in Germany", *GMS Psycho-Social Medicine*, 3 (2006).

〔2〕 Goldberg, D. P. , T. Oldehinkel, and Jahn Ormel, "Why GHQ Threshold Varies from one Place to Another", *Psychological Medicine*, 28. 4 (1998), pp. 915-921.

〔3〕 Diener, E. D. , et al. , "The Satisfaction with Life Scale", *Journal of Personality Assessment*, 49. 1 (1985), pp. 71-75.

（四）研究结果

1. 量表信效度分析

本研究对心理健康、主观幸福感、健康型领导三个量表进行了信效度检验，[1]检验结果见表3-11。三个量表里的各题项的因子载荷量均大于0.5，CR值在0.8以上，AVE的值在0.5以上，克朗巴哈系数均大于0.8，效度检验的结果也在可接受的范围。

表3-11　各变量量表信、效度分析

变量	因子载荷	CR	AVE	α	效度分析		
					1	2	3
1. 心理健康	0.746~0.825	0.951	0.620	0.951	0.364		
2. 主观幸福感	0.689~0.763	0.856	0.543	0.847	0.441	0.552	
3. 健康型领导	0.513~0.791	0.955	0.630	0.954	0.416	0.518	0.553

2. 验证性因子分析

进一步，本研究验证了研究模型的有效性。其中，卡方值/自由度 = 4347.433/1381，CFI = 0.667，TLI = 0.655，SRMR = 0.08，上述数值表明研究模型的拟合优度符合要求，模型具有有效性。

---

[1]　由于身体健康量表仅有1个题项，所以未做信效度检验。

3. 相关分析

表 3-12 展示了健康型领导、身体健康、心理健康和主观幸福感的均值、标准差及相关系数。结果表明，身体健康、心理健康和主观幸福感的均值均超过 4.00；健康型领导与身体健康、心理健康和主观幸福感之间均存在正相关关系（相关系数 r 分别为 0.48、0.94、0.85）；身体健康与心理健康、主观幸福感之间均存在正相关关系（相关系数 r 分别为 0.526、0.528）；心理健康与主观幸福感之间存在正相关关系（相关系数 r 为 0.841）。

表 3-12　相关性分析结果

变量	平均值	标准差	1	2	3	4
1. 健康型领导	3.8657	0.67394	1			
2. 身体健康	4.1867	0.99517	0.480**	1		
3. 心理健康	4.0536	0.85609	0.941**	0.526**	1	
4. 主观幸福感	4.1231	0.79042	0.850**	0.528**	0.841**	1

（注：* p<0.05，** p<0.01，*** p<0.001）

4. 回归结果

为检验健康型领导对员工身体健康、心理健康和主观幸福感的影响，本研究构建了研究模型，并在模型中控制了员工的性别、年龄、婚姻状况、受教育程度、工作年限、组织类型、岗位类别。模型 1 显示，健康型领导对员工身体健康有正向的预测作用（模型 1：$\gamma=0.664$，p<0.001）；在模型 2 中，健康

型领导对员工心理健康有正向的预测作用（模型 2：$\gamma = 1.159$，$p<0.001$）；在模型 3 中，健康型领导对员工主观幸福感有正向的预测作用（模型 3：$\gamma = 1.011$，$p<0.001$）。因此，假设 H1、H2、H3 得到了验证。

表 3-13　回归结果

	模型 1：身体健康		模型 2：心理健康		模型 3：主观幸福感	
	b	t	b	t	b	t
控制变量						
（常量）	0.814	0.881	-0.063	-0.196	0.293	0.616
性别	-0.231	-1.307	-0.055	-0.908	0.087	0.957
年龄	0.321*	2.336	0.045	0.957	0.026	0.362
婚姻状况	0.239	0.873	-0.212*	-2.244	-0.027	-0.189
受教育程度	0.079	0.770	0.010	0.291	0.015	0.293
工作年限	-0.141	-1.345	-0.033	-0.903	-0.077	-1.420
组织类型	-0.011	-0.174	-0.023	-1.045	-0.035	-1.051
岗位类别	0.217*	2.310	-0.013	-0.396	-0.018	-0.374
解释变量						
健康型领导	0.664***	5.205	1.159***	26.337	1.011***	15.403

（注：b 为未标准化系数；*$p<0.05$，**$p<0.01$，***$p<0.001$）

（五）小结

本章实证检验了健康型领导对员工身心健康、主观幸福感的正向影响，侧面表明了员工的直属领导确实有益于员工的职业健康。尤其在工作压力、职场焦虑等职场健康问题不断暴露的今天，组织为保证其能够可持续发展，保证员工健康是重要的一个环节。健康型领导作为一种积极的领导力，能够通过健康管理实践提升下属的健康意识和行为，实现员工与组织的健康可持续发展。健康型领导对于打造健康的组织将具有深刻而重要的意义。

第四章

健康型领导对员工工作绩效的双刃剑效应研究

一、引言

COVID-19 大流行对人们的生活和工作方式产生了重大影响。对个体而言，追求健康的生活方式和如何快速适应工作变化是保障其可持续发展的前提；对组织而言，在面对环境的不确定性和动态性日益加剧的同时也在关注组织的可持续发展。健康型领导作为一种积极的领导力，能够通过健康管理实践提升下属的健康意识和行为，实现员工与组织的健康可持续发展。这种注重健康的领导方式是在大变局背景下保障个体与组织可持续发展的重要途径。目前，学术界围绕健康型领导的后效机制进行了相关研究。研究表明，健康型领导在保证员工健康状况的同时也会增强员工的心理、工作资源，如减少倦怠、抑郁、焦虑等负面情绪态度，[1][2]增加幸福感、工作满意

---

〔1〕 Jiménez, Paul, et al., "Enhancing Resources at the Workplace with Health-promoting Leadership", *International Journal of Environmental Research and Public Health*, 14. 10 (2017), p. 1264.

〔2〕 Booth, Laurel C., et al., "Health-Promoting Leadership During an Infectious Disease Outbreak: A Cross-Sectional Study of US Soldiers Deployed to Liberia", *The Journal*

度、工作绩效等。[1]

在资源保存理论视角下，相关学者验证了健康型领导会通过为员工制定合理的工作要求，并给予其充足的工作资源来提高工作绩效，特别是在组织社会稳定期间。即使在社会危机或者组织危机背景下，虽然员工的压力水平不断增加，但在公共组织中健康型领导对工作绩效仍呈正向影响。[2]然而，中小企业的性质与公共组织截然不同，在中小企业中领导对员工个人绩效水平有期待、有要求，相对而言员工也面临较大的绩效压力。在这种情景下，健康型领导的健康工作方式与高绩效水平要求之间存在怎样的关系值得进一步探讨。

工作绩效包含"任务—关系"二维。[3]任务绩效是直接参与生产产品或服务的行为，或者为组织核心竞争力提供间接支持的行为，并在工作描述中明确说明；关系绩效则被定义为工作中没有正式要求的绩效，但有助于塑造组织的心理环境，它是任务绩效的关键催化剂，通过促进任务绩效从而间接的促进了组织绩效。关系绩效包括组织公民行为、亲社会行为、角色

of Nervous and Mental Disease, 209. 5（2021），pp. 362-369.

〔1〕 Vincent-Höper, Sylvie, and Maie Stein, "The Role of Leaders in Designing Employees' Work Characteristics: Validation of the Health - and Development - promoting Leadership Behavior Questionnaire", *Frontiers in Psychology*, 10（2019），p. 1049.

〔2〕 Klebe, Laura, Jörg Felfe, and Katharina Klug, "Healthy Leadership in Turbulent Times: The Effectiveness of Health-oriented Leadership in Crisis", *British Journal of Management*, 32. 4（2021），pp. 1203-1218.

〔3〕 Borman, Walter C., and Stephan J. Motowidlo, "Task Performance and Contextual Performance: The Meaning for Personnel Selection Research", *Human Performance*, 10. 2（1997），pp. 99-109.

外行为等。[1]员工工作绩效的高低对组织生存至关重要，面对复杂多变的环境，提高工作绩效是学术界一直以来关注的问题。

目前，领导力与工作绩效之间的关系已被多名学者证实。积极的领导力如变革型领导、真实型领导、自我牺牲型领导、伦理性领导等都会对工作绩效产生积极的影响。同样，健康型领导作为一种新兴的积极领导力，与员工敬业度、工作满意度、员工健康、心理资本等正相关，与员工疲惫、因病缺勤等负相关。一直以来，学术界一直关注健康型领导的"光明面"，但它是否存在隐含的"阴暗面"值得进一步探讨。

本研究基于资源保存理论探究健康型领导对工作绩效的双刃剑效应。资源保存理论（Conservation of Resources Theory，简称"COR 理论"）认为，个体具有努力获取、保持、培育和保护其所珍视的资源的倾向。[2]当员工在工作中因为压力面临重要资源损失时，有两种不同的反应来回应资源损失带来的影响：一是不断获取新的资源补充现有资源消耗，即资源获取路径，二是通过减少消耗资源的行为保护资源免于损失，即资源消耗路径。[3]本研究基于 COR 理论的资源获取和资源消耗路径提出健康型领导对工作绩效存在双重影响机制：一方

---

〔1〕 Vandyne, Linn, Larry L. Cummings, and J. McLean Parks, "Extra-role Behaviors-in Pursuit of Construct and Definitional Clarity（a Bridge Over Muddied Waters）", *Research In Organizational Behavior: An Annual Series Of Analytical Essays And Critical Reviews*, 17（1995）, pp. 215-285.

〔2〕 Hobfoll, Stevan E., "Conservation of Resources: A New Attempt at Conceptualizing Stress", *American Psychologist*, 44. 3（1989）, p. 513.

〔3〕 Hobfoll, Stevan E., "The Influence of Culture, Community, and the Nested-self in the Stress Process: Advancing Conservation of Resources Theory", *Applied Psychology*, 50. 3（2001）, pp. 337-421.

面，健康型领导作为支持性的工作场所资源，会满足员工的基本心理需求，员工感受到组织的重视与认可，在工作中感到工作繁荣，这种工作繁荣的积极感觉会促进工作绩效；另一方面，健康型领导迫使员工关注自身健康，但同时员工无法避免繁重的绩效考核压力，在双重相互冲突的要求下，下属无法确定身心健康与工作绩效的优先次序，导致对角色的认知不明确、产生角色模糊，而角色模糊作为一种角色压力，容易导致员工职场焦虑，焦虑的状态会不断损耗员工的心理和情绪资源，使其陷入工作资源匮乏的状态，无法全身心的投入工作，最终影响工作绩效。[1]

综上，本研究根据 COR 理论的资源获取和资源消耗双路径假设，提出了健康型领导对工作绩效影响的双链式中介模型，即"健康型领导→角色模糊→职场焦虑→工作绩效"和"健康型领导→基本心理需求→工作繁荣→工作绩效"，旨在探究健康型领导对员工工作绩效的双刃剑效应，以期厘清健康型领导对工作绩效作用的矛盾性结果并开辟新的解释路径。

二、理论基础与研究假设

（一）资源保存理论

资源保存理论认为，个体具有努力获取、保持、培育和保护资源的倾向。资源被宽泛地分为四大类：物质、条件、个体特征和能量资源。[2]物质资源的价值取决于它们固有的属性

〔1〕 Maslach, Christina, "Job Burnout: New Directions in Research and Intervention", *Current Directions in Psychological Science*, 12. 5 (2003), pp. 189-192.

〔2〕 Hobfoll, Stevan E., "Conservation of Resources: A New Attempt at Conceptualizing Stress", *American Psychologist*, 44. 3 (1989), p. 513.

和稀缺性，如房子、车子属于物质资源；条件资源的价值基于它们对个体工作和生活的积极意义，如良好的人际关系、美满的婚姻状态属于条件资源；个人特征资源是指有助于个体发展的各种技能和特征，如自我效能感、责任心和乐观心态都属于个人特征资源；能量资源的价值在于帮助个体获得其他三种类型的资源，能量资源中最具代表性的是金钱。资源的价值因人各异，它与个人经历和处境息息相关。例如，与家人在一起的时间可能被一个人视为有价值的资源，但另一个人可能不重视它，甚至认为这是在浪费时间资源阻碍他或她参与更有价值的事情。Halbesleben 等（2014）抛开资源的具体类型，从获取和保护资源的动机出发，对资源进行了新的界定，资源是"个体感知到的有助于实现目标的任何东西"。[1]

现在，员工在工作中承受的压力越来越大，"996"工作制、加班文化盛行，员工资源的损耗加快。COR 理论认为资源消耗会引起个体紧张、压力和焦虑，进而产生不利的影响。[2]面对资源的损失会引发两种截然不同的机制：获得新资源来补充现有资源或减少消耗资源的活动，即资源获得和防止资源消耗两种方式。

根据资源保存理论的双路径模型，本研究认为健康型领导通过不同的中介机制对员工工作绩效产生不同的影响。一方面，健康型领导是一种支持性领导，社会支持被视为是帮助员

---

〔1〕　Halbesleben, Jonathon RB, et al., "Getting to the 'COR' Understanding the Role of Resources in Conservation of Resources Theory", *Journal of Management*, 40. 5 (2014), pp. 1334-1364.

〔2〕　Hobfoll, Stevan E., et al., "Conservation of Resources in the Organizational Context: The Reality of Resources and Their Consequences", *Annual Review of Organizational Psychology and Organizational Behavior*, 5 (2018), pp. 103-128.

工更好地完成工作任务的条件资源，[1]健康型领导采取行动维持和改善员工的身心健康、表达关心、考虑员工的需求，[2]当员工感知到高水平的领导支持时，员工为实现工作目标而投入的物质和认知资源就能够得到恢复。另一方面，健康型领导通过健康价值观、健康意识和健康行为促进自己和下属的身心健康。[3]但在实际工作中，员工面临的工作压力越来越大，经常需要加班加点完成工作目标，以一种非健康的方式工作，这与健康型领导者倡导的健康工作、合理休息相悖，这时员工不明确是为了迎合领导健康要求，还是以损害身体健康为代价完成过高的工作目标，从而产生角色模糊感，角色界定不清导致员工不能按时完成工作目标，产生职场焦虑感，焦虑这种负面情绪会消耗员工的资源，而完成工作绩效需要大量的资源。根据资源有限性，个体被迫就他们所拥有的资源做出配置，[4]在本研究中，角色模糊和职场焦虑都会消耗掉大量的资源，导致员工缺乏足够的资源从而影响工作绩效。

［1］ Alarcon, Gene M. , Jean M. Edwards, and Lauren E. Menke, "Student Burn-out and Engagement: A Test of the Conservation of Resources Theory", *The Journal of Psychology*, 145. 3 (2011), pp. 211-227.

［2］ Fu, Bo, Jian Peng, and Tao Wang, "the Health Cost of Organizational Citizenship Behavior: does Health-promoting Leadership Matter?", *International Journal of Environmental Research and Public Health*, 19. 10 (2022), p. 6343.

［3］ Franke, Franziska, Jörg Felfe, and Alexander Pundt, "The Impact of Health-oriented Leadership on Follower Health: Development and Test of a New Instrument Measuring Health-promoting Leadership", *German Journal of Human Resource Management*, 28. 1-2 (2014), pp. 139-161.

［4］ Halbesleben, Jonathon RB, et al. , "Getting to the 'COR' Understanding the Role of Resources in Conservation of Resources Theory", *Journal of management*, 40. 5 (2014), pp. 1334-1364.

（二）健康型领导与工作绩效

工作绩效是员工的行为在实现组织目标方面的有效程度。健康型领导通过自己的健康意识、健康价值观和健康行为来影响或改变员工的健康意识、健康价值观和健康行为。Franke 等（2014）指出健康型领导可以通过日常管理和榜样力量改变员工的健康意识，健康价值观和健康行为。[1]值得注意的是，员工的健康不仅与员工的福祉相关，而且与组织绩效密切相关。一方面，员工的健康与组织的显性成本（如医疗保险费用）和隐性成本（如因病缺勤）负相关，员工健康可以被视为组织第一生产力。另一方面，健康型领导作为组织中一种重要的社会支持能够对员工健康和福祉产生有益影响。在组织中受到支持关怀的员工会更有效地执行工作任务、[2]辞职的可能性更小、[3]更有可能执行角色外行为、[4]对他们的工作更加满意。[5]虽然，

---

〔1〕　Franke, Franziska, Jörg Felfe, and Alexander Pundt, "The Impact of Health-oriented Leadership on Follower Health: Development and Test of a New Instrument Measuring Health-promoting Leadership", *German Journal of Human Resource Management*, 28. 1-2（2014）, pp. 139-161.

〔2〕　Wright, Thomas A. , and Russell Cropanzano, "Psychological Well-being and Job Satisfaction as Predictors of Job Performance", *Journal of Occupational Health Psychology*, 5. 1（2000）, p. 84.

〔3〕　Kramer, Amit, and Jooyeon Son, "Who Cares about the Health of Health Care Professionals? An 18-year Longitudinal Study of Working Time, Health, and Occupational Turnover", *Ilr Review*, 69. 4（2016）, pp. 939-960.

〔4〕　Ford, Michael T. , et al. , "Relationships Between Psychological, Physical, and Behavioural Health and Work Performance: A Review and Meta-Analysis", *Work & Stress*, 25. 3（2011）, pp. 185-204.

〔5〕　Faragher, E. Brian, Monica Cass, and Cary L. Cooper, "The Relationship Between Job Satisfaction and Health: a Meta-analysis", *Occupational and Environmental Medicine*, 62. 2（2005）, pp. 105-112.

本研究猜测健康型领导对员工的健康要求与不断沉重的绩效压力相冲突，产生角色模糊感，导致职场焦虑，进而抑制工作绩效，但是这种抑制作用总体上弱于健康型领导对工作绩效的促进作用。因此，本研究提出以下假设：

H1：健康型领导与工作绩效正相关。

（三）基本心理需求的中介作用

Deci 和 Ryan（2000）基于自我决定理论提出了三种内在的心理需求，即自主需求、胜任需求和关系需求。他们认为基本心理需求是与生俱来的，基本心理需求被认为是个体最佳功能和健康的基本营养物质。[1][2]自主需求是个体在进行一项活动时的主观感受和心理自由的内在欲望；胜任需求是个体与环境互动过程中感觉到的有效的内在愿望，它强调探索和操纵环境；关系需求为个体期望与他人产生联系，成为群体中的一员，渴望爱与被关心。

首先，健康型领导能对基本心理需求产生积极影响。基于COR 理论，健康型领导可以被视为指导员工健康安全行为的一种资源。[3]健康型领导关注员工健康，组织促进健康的活

---

〔1〕 Deci, Edward L., and Richard M. Ryan, "The 'What' and 'Why' of Goal Pursuits: Human Needs and the Self-determination of Behavior", *Psychological Inquiry*, 11. 4 (2000), pp. 227-268.

〔2〕 Ryan, Richard M., "Psychological Needs and the Facilitation of Integrative Processes", *Journal of Personality*, 63. 3 (1995), pp. 397-427.

〔3〕 Nielsen, Karina, et al., "Out of mind, Out of Sight? Leading Distributed Workers to Ensure Health and Safety", *Work & Stress*, 33. 2 (2019), pp. 173-191.

动、采取支持性的领导风格、发展促进健康的工作场所，能够增加员工的个人资源。从这个角度来说，健康型领导可以满足员工的基本心理需求。具体来说，健康型领导采取的是支持性的领导风格，员工在采取行动时可以按照自己的意愿行事，控制自己的行动，获得心理上的满足感，满足了自主需求；在获得领导者的支持后，个体更容易成功，而且个体更倾向于将成功归因于自己能力出众，满足了胜任需求；健康型领导关心下属身体和心理的健康状况，下属会有被关心、被爱护的感觉，在工作中找到归属感，满足了关系需求。健康型领导关心员工的健康和福祉，提高他们的健康意识、健康知识和能力，并为员工提供足够的工作资源和工作自主权。[1]综上，健康型领导可以满足员工的基本心理需求。

其次，基本心理需求得到满足的员工会有更好的工作表现。研究发现，如果组织能够同时满足员工的三种需求，不仅能够提高员工的工作积极性，还可以缓解他们紧张焦虑的不良情绪。[2]从 COR 理论出发解释基本心理需求对员工的工作绩效的促进作用。COR 理论指出个体具有投资资源的倾向，可以构建和维护现有的资源，应对未来资源损耗，并将能够促进

---

〔1〕 Bregenzer, Anita, et al. , "How Followers' Emotional Stability and Cultural Value Orientations Moderate the Impact of Health-promoting Leadership and Abusive Supervision on Health-related Resources", *German Journal of Human Resource Management*, 33. 4 (2019), pp. 307-336.

〔2〕 Deci, Edward L. , and Richard M. Ryan, "The 'What' and 'Why' of Goal Pursuits: Human Needs and the Self-determination of Behavior", *Psychological Inquiry*, 11. 4 (2000), pp. 227-268.

目标实现的任何东西都视为资源。[1][2]因此，满足基本心理需求也可被视为员工资源获取的方式，将心理需求这种工作资源积极地投入工作，带来绩效的提升。学者们已经证实，满足基本心理需求之后会带来诸多益处，例如提高工作满意度、工作投入和带来更高的绩效。此外，研究还发现基本心理需求与离职意向、工作不安全感、紧张、倦怠等负相关。所以，基本心理需求与个体的工作表现有着积极的关系。

综上，本研究认为健康型领导关心员工身心健康、提供各种资源能够满足员工基本心理需求，而基本心理需求的满足是员工完成良好绩效的催化剂。而且，健康型领导和基本心理需求都可以被视为员工获取资源的途径，丰富的资源帮助员工更好地完成工作目标。因此，提出假设：

H2a：健康型领导与基本心理需求正相关。

H2b：基本心理需求与工作绩效正相关。

H2：基本心理需求在健康型领导与工作绩效之间起到中介作用，且健康型领导通过基本心理需求对工作绩效产生正向影响。

(四) 工作繁荣的中介作用

工作繁荣是个体在工作中体验到活力感和学习感的心理状

〔1〕 Hobfoll, Stevan E. , "The Influence of Culture, Community, and the Nested-self in the Stress Process: Advancing Conservation of Resources Theory", *Applied Psychology*, 50. 3 (2001), pp. 337-421.

〔2〕 Halbesleben, Jonathon RB, et al. , "Getting to the 'COR' Understanding the Role of Resources in Conservation of Resources Theory", *Journal of Management*, 40. 5 (2014), pp. 1334-1364.

态。从定义看，活力和学习是工作繁荣的两个重要组成部分。活力代表在工作中充满热情与精力的感觉，当员工感到繁荣时，会对自己所做的事情充满激情，通过工作中的兴奋感产生所需的资源。学习是一种正在变得更好的感觉，表现在对技能和知识的获取与应用，建立工作中的信心。Spreitzer 等（2005）强调，只有活力和学习两个组成部分的共同体验才能让员工感觉到他们正在自我发展。[1]

　　首先，健康型领导对工作繁荣产生积极影响。Chen 和 Kanfer（2006）曾说"领导力是所有背景因素中最重要的"，它可以促进工作中的集体繁荣。[2]根据 COR 理论，源源不断的资源能够帮助个体更好的完成目标，前文已经提到健康型领导为员工提供社会支持，社会支持可以被视为促进工作的有价值的资源，感受到这种支持的员工会在工作中充满活力，更加勤奋地工作，形成繁荣的氛围。而且，健康型领导注重建设健康的组织文化，工作繁荣已被证实与组织氛围和组织文化密切相关。

　　其次，在工作中感到繁荣的员工能实现更高的工作绩效。繁荣的员工在工作环境中创造了更多的资源，并将这些资源投资于工作任务和身体健康；繁荣的员工更能体验到积极情绪的增加，这些情绪资源帮助员工更有效地应对复杂的工作目标。[3]繁荣的员工通过学习维度在工作中通过各种途径不断

---

　　〔1〕 Spreitzer, Gretchen, et al. , "A Socially Embedded Model of Thriving at Work", *Organization Science*, 16. 5（2005）, pp. 537-549.

　　〔2〕 Chen, Gilad, and Ruth Kanfer, "Toward a Systems Theory of Motivated Behavior in Work Teams", *Research in Organizational Behavior*, 27（2006）, pp. 223-267.

　　〔3〕 Alarcon, Gene M. , Jean M. Edwards, and Lauren E. Menke, "Student Burnout and Engagement：A Test of the Conservation of Resources Theory", *The Journal of Psychology*, 145. 3（2011）, pp. 211-227.

学习工作技能和有效方法，从而获得更多的技术和知识资源来提高工作绩效；繁荣的员工往往精力充沛、坚忍不拔，能够自觉自愿的努力工作，有更好的精力和活力去整合资源，从而有助于工作效率提高和个体绩效提升。[1]当员工同时感受到学习与活力时，他们在工作中保持积极向上，从而会有更好的工作表现，[2]例如繁荣通过减少倦怠提高对健康的感知实现个体的可持续发展，繁荣还能减少工作压力。工作繁荣与绩效之间的正向促进的关系已经被证实，[3]繁荣的员工能够全身心的投入工作，对工作更加专注，工作做的也更好。

综上，健康型领导为员工工作提供所需的社会支持，这促进员工的工作繁荣，繁荣的员工更容易有积极情绪，良好的情绪是应对工作压力的重要策略，情绪资源也能够帮助员工更好的完成工作。据此，本研究提出如下假设：

H3a：健康型领导与工作繁荣正相关。

H3b：工作繁荣与工作绩效正相关。

H3：工作繁荣在健康型领导与工作绩效之间起到中介作用，且健康型领导通过工作繁荣对工作绩效产生正向影响。

---

〔1〕 Schaufeli, Wilmar B., Arnold B. Bakker, and Marisa Salanova, "The Measurement of Work Engagement with a Short Questionnaire: A Cross-national Study", *Educational and Psychological Measurement*, 66. 4 (2006), pp. 701-716.

〔2〕 Bruch, Heike, and Sumantra Ghoshal, "Unleashing Organizational Energy", *MIT Sloan Management Review*, 45. 1 (2003), pp. 45-51.

〔3〕 Walumbwa, Fred O., et al., "Fired up to Perform: A Multilevel Examination of Antecedents and Consequences of Thriving at Work", *Academy of Management Proceedings*. Vol. 2016. No. 1. Briarcliff Manor, NY 10510: Academy of Management, (2016).

（五）基本心理需求和工作繁荣的链式中介作用

COR 强调了工作资源对身心健康的重要性，足够多的工作资源可以减轻员工对工作要求的压力，促进良好的工作表现。健康型领导可以通过增加健康资源，减少员工的健康压力和工作倦怠。Winkler 等（2014）发现健康型领导为员工提供了丰富的工作资源，如社会支持、及时的任务沟通和工作反馈，从而提高他们的工作满意度，减少情绪疲惫和健康投诉。[1]根据 COR 理论和上文描述，健康型领导作为一种支持性资源能够满足个体在工作中的三种基本心理需求。而基本心理需求会通过工作繁荣对工作绩效产生影响。具体来说，当自主、胜任和关系三个基本需求得到满足时，个体会受到自主动机的驱动，促进员工实现更大的心理发展和工作成长，由此形成工作繁荣。[2]繁荣的个体具备工作的动力和学习的能力，也会带来更好的个人表现，表现出超越一般的工作满意度和组织承诺。[3][4]可见，基本心理需求和工作繁荣可能在健康型领导与工作绩效之间起到了链式中介作用。基于此，本研究提出假设：

〔1〕　Winkler, Eva, et al., "Leadership Behavior as a Health-promoting Resource for Workers in Low-skilled Jobs and the Moderating Role of Power Distance Orientation", *German Journal of Human Resource Management*, 28. 1-2 (2014), pp. 96-116.

〔2〕　Deci, Edward L., and Richard M. Ryan, "The 'What' and 'Why' of Goal Pursuits: Human Needs and the Self-determination of Behavior", *Psychological Inquiry*, 11. 4 (2000), pp. 227-268.

〔3〕　Porath, Christine, et al., "Thriving at Work: Toward its Measurement, Construct Validation, and Theoretical Refinement", *Journal of Organizational Behavior*, 33. 2 (2012), pp. 250-275.

〔4〕　Spreitzer, Gretchen, and Christine Porath, "Creating Sustainable Performance", *Harvard Business Review*, 90. 1 (2012), pp. 92-99.

H4a：基本心理需求与工作繁荣正相关。

H4：基本心理需求和工作繁荣在健康型领导与工作绩效之间起到了链式中介作用，且健康型领导通过满足基本心理需求促进工作繁荣，进而正向影响工作绩效。

（六）角色模糊的中介作用

角色模糊是指个体对实现个人目标而采取的行动缺乏清晰地理解。[1]当缺乏沟通、沟通不良或者对员工的职位描述不充分时，员工会产生角色模糊，[2]它属于角色压力的一种。COR 理论的首要原则是资源损失的重要性，资源损失主要被用于解释压力和应变，当个体在工作中失去资源时，它们更有可能经历倦怠、抑郁、紧张和焦虑等不安情绪。[3][4]

一方面，健康型领导可能会增加个体的角色模糊。健康型领导通过日常管理和榜样力量潜移默化的影响员工的健康意

〔1〕 Kahn, Robert L. , et al. , "Organizational Stress：Studies in Role Conflict and Ambiguity", *American Sociological Review* 30. 4（1964）, pp. 620.

〔2〕 Urien, Begoña, Amparo Osca, and Lourdes García-Salmones, "Role Ambiguity, Group Cohesion and Job Satisfaction：A Demands-Resources Model（JD-R）Study from Mexico and Spain", *Revista Latinoamericana de Psicología*, 49. 2（2017）, pp. 137-145.

〔3〕 Hobfoll, Stevan E. , et al. , "Conservation of Resources in the Organizational Context：The Reality of Resources and Their Consequences", *Annual Review of Organizational Psychology and Organizational Behavior*, 5（2018）, pp. 103-128.

〔4〕 Melamed, Samuel, et al. , "Burnout and Risk of Cardiovascular Disease：Evidence, Possible Causal Paths, and Promising Research Directions", *Psychological Bulletin*, 132. 3（2006）, pp. 327.

识、价值观和行为。[1]领导行为对员工行为有着深刻且强烈的同化作用，员工为了迎合领导不得不在健康上消耗时间和精力。同时，组织成员面临着不断增强的绩效要求，这时践行领导者期望的健康工作理念和繁重的工作要求相矛盾，员工对自己优先做什么缺乏清晰的判断，认知出现错误，进而产生角色模糊。

另一方面，角色模糊会对工作绩效产生不利影响。自1964 年 Kahn 提出"角色模糊"一词起，角色模糊通常是在压力背景下研究的。根据 COR 理论，当个体产生压力后会采取措施进一步防止资源的损失，而完成工作绩效是一项需要消耗大量员工资源的活动。根据资源的有限性，当员工因为角色模糊产生压力后，会导致该员工缺乏足够的资源投入到工作绩效的完成中去。而且，为了防止资源的进一步损失，员工会减少在工作中的投入、选择放松来恢复资源。此外，多项实证研究也表明角色模糊与工作绩效之间存在负向关系。[2]具体而言，当员工遇到不清晰、不明确的障碍时，可能会产生消极情绪、采取消极的应对措施，因为模糊性会干扰他们实现目标。同时，当员工出现角色模糊时，对环境的控制感下降，进而产生一些消极影响，如绩效、主动性、工作满意度、组织承诺都下降，离职意向增加。基于上述，本研究提出如下假设：

〔1〕 Franke, Franziska, Jörg Felfe, and Alexander Pundt, "The Impact of Health-oriented Leadership on Follower Health: Development and Test of a New Instrument Measuring Health-promoting Leadership", *German Journal of Human Resource Management*, 28. 1-2 (2014), pp. 139-161.

〔2〕 Davis, Randall S. , and Edmund C. Stazyk, "Examining the Links Between Senior Managers' Engagement in Networked Environments and Goal and Role Ambiguity", *Journal of Public Administration Research and Theory*, 26. 3 (2016), pp. 433-447.

H5a：健康型领导与角色模糊正相关。

H5b：角色模糊与工作绩效负相关。

H5：角色模糊在健康型领导与工作绩效之间起中介作用，且健康型领导通过角色模糊对工作绩效产生负向影响。

（七）职场焦虑的中介作用

职场焦虑被定义为个体面对与工作相关的不确定结果产生的怀疑、担忧、紧张不安的情绪，[1]受个体差异和环境的影响。[2]2009 年美国心理协会报告 40% 的美国人感到日常性焦虑。受新冠肺炎疫情的影响，全球经济出现萎缩，员工面临的压力越来越大、工作时间越来越长、随时面临着被裁员的风险，在这种情况下焦虑的员工比例只会更多。焦虑会带来诸多的负面结果，与工作场所不道德行为、较低的工作表现、冒险行为和人员流失率正相关。

一方面，健康型领导可能会增加员工的职场焦虑感。职场焦虑容易发生在高压环境或处于不确定的组织环境中。Cheng 和 Mc-Carthy（2018）提出组织环境是引起职场焦虑的核心前提。[3]

---

〔1〕 McCarthy, Julie M. , John P. Trougakos, and Bonnie Hayden Cheng, "Are Anxious Workers Less Productive Workers? It Depends on the Quality of Social Exchange", *Journal of Applied Psychology*, 101. 2 (2016), p. 279.

〔2〕 Motowidlo, Stephan J. , John S. Packard, and Michael R. Manning, "Occupational Stress: its Causes and Consequences for Job Performance", *Journal of Applied Psychology*, 71. 4 (1986), p. 618.

〔3〕 Cheng, Bonnie Hayden, and Julie M. McCarthy, "Understanding the Dark and Bright Sides of Anxiety: A Theory of Workplace Anxiety", *Journal of Applied Psychology*, 103. 5 (2018), p. 537.

领导风格作为重要的组织环境变量，对员工的态度和行为有着重要的影响。Burke（2010）指出，领导风格是影响员工工作压力的重要因素。[1]健康型领导对员工的工作场所健康行为有了更高的期待和要求。然而，自 2020 年新型冠状病毒大流行以来，全球经济受到重创。在此背景下，组织希望员工能够扩大能力，持续提高绩效水平。因此，员工面临着更大的绩效压力。本研究认为健康型领导关心下属的健康、鼓励舒缓压力与绩效压力冲突时，健康型领导的促进作用被视为员工的威胁性任务要求，这将会导致员工对工作的焦虑感。

　　另一方面，职场焦虑会对工作绩效产生抑制作用。尽管有研究指出特定情景下的焦虑可能会促进创造性思维，[2]但总体而言，焦虑是令人不快和消极的。已有研究表明，职场焦虑与工作绩效之间多呈负相关关系。具体地，焦虑与各种工作表现之间存在负相关，包括工作场所绩效、[3]工作面试结果等[4]。焦虑是阻碍员工绩效表现的主要因素。[5]在 COR理论视角下，当员工在工作中产生职场焦虑情绪时，与工作

　　[1]　Burke, Ronald J. , "Workplace Stress and Well-being Across Cultures: Research and Practice", *Cross Cultural Management: An International Journal*, 17. 1 (2010), pp. 5-9.

　　[2]　Cacciotti, Gabriella, et al. , "A Reconceptualization of Fear of Failure in Entrepreneurship", *Journal of Business Venturing*, 31. 3 (2016), pp. 302-325.

　　[3]　Jones, Melanie K. , Paul L. Latreille, and Peter J. Sloane, "Job Anxiety, Work-related Psychological Illness and Workplace Performance", *British Journal of Industrial Relations*, 54. 4 (2016), pp. 742-767.

　　[4]　McCarthy, Julie, and Richard Goffin, "Measuring Job Interview Anxiety: Beyond Weak Knees and Sweaty Palms", *Personnel Psychology*, 57. 3 (2004), pp. 607-637.

　　[5]　Reio, Thomas G. , and Jamie L. Callahan, "Affect, Curiosity, and Socialization Related Learning: A Path Analysis of Antecedents to Job Performance", *Journal of Business and Psychology*, 19 (2004), pp. 3-22.

相关的资源消耗过快而且资源的再生能力被减弱。此时，个体的防御机制会促使其减少工作投入、进行资源保护，防止资源的进一步损耗，而高要求的工作绩效取决于个体拥有的资源。因此，本研究推测职场焦虑阻碍工作绩效。据此，提出假设：

H6a：健康型领导与职场焦虑正相关。

H6b：职场焦虑与工作绩效负相关。

H6：职场焦虑在健康型领导与工作绩效之间起中介作用，且健康型领导通过职场焦虑对工作绩效产生正向影响

（八）角色模糊和职场焦虑的链式中介作用

上文我们提到，健康型领导的健康理念可能与组织绩效的提高产生冲突。导致员工不知道自己是优先迎合领导的想法还是以牺牲其健康为代价增加工作投入，这将导致员工的角色模糊。而下属角色模糊是其职场焦虑的重要前因变量。[1][2]角色模糊会增加下属职场焦虑是因为角色模糊会使得领导与下属的工作互动充满不确定性，不确定性的增加导致工作表现变差，未能达到绩效要求的员工感到焦虑不安。此外，职场焦虑

---

〔1〕 Diestel, Stefan, and Klaus-Helmut Schmidt, "Costs of Simultaneous Coping with Emotional Dissonance and Self-control Demands at Work: Results from two German Samples", *Journal of Applied Psychology*, 96. 3 (2011), p. 643.

〔2〕 Gillet, Nicolas, et al. , "Examining the Roles of Work Autonomous and Controlled Motivations on Satisfaction and anxiety as a Function of Role Ambiguity", *The Journal of Psychology*, 150. 5 (2016), pp. 644-665.

通常发生在个人承受压力或处于不确定的组织环境中。[1]职场焦虑常常与各种工作结果负相关。从 COR 理论的视角看，角色模糊和职场焦虑都会消耗大量的工作资源，根据资源的有限性，员工不得不减少其在工作绩效方面的投入，致使员工没有足够的资源完成工作目标。综上所述，本研究提出以下假设：

H7a：角色模糊与职场焦虑正相关

H7：角色模糊和职场焦虑在健康型领导与工作绩效之间起到了链式中介作用，且健康型领导通过角色模糊导致职场焦虑，进而负向影响工作绩效。

（九）健康型领导对工作绩效的双刃剑效应

Eriksson（2011）将健康型领导定义为关注创造促进健康的工作场所的文化和价值观，并激励员工参与到健康促进的活动中。同时，Eriksson（2011）确定了健康型领导的三个组成部分，即组织促进健康的活动、支持性的领导方式、发展促进健康的工作场所。[2]工作绩效是指员工的行为对达到组织目标的有效程度。[3]它是衡量实现组织目标和个人目标实现程度的重要指标。当前已有文献考察了变革型领导、包容型领导、魅力型领导等多种领导风格与工作绩效之间的积极关系。

〔1〕 Cheng, Bonnie Hayden, and Julie M. McCarthy, "Understanding the Dark and Bright Sides of Anxiety: A Theory of Workplace Anxiety", *Journal of Applied Psychology*, 103. 5 (2018), pp. 537.

〔2〕 Eriksson, Andrea, Runo Axelsson, and Susanna Bihari Axelsson, "Health Promoting Leadership-Different Views of the Concept", *Work*, 40. 1 (2011), pp. 75-84.

〔3〕 Motowidlo, Stephan J., "Job performance", *Handbook of Psychology: Industrial and Orga-nizational Psychology*, 12. 4 (2003), pp. 39-53.

然而区别于上述领导的健康型领导作为一种强调员工健康的新型领导方式，是否能够帮助员工在全球疫情严峻形势下提高工作绩效值得我们探讨。

COR 理论认为，个体会努力获取、保护和培育对其有价值的资源，包括物质、条件、个性特征和能量资源。本研究通过 COR 理论的资源获取和资源消耗来说明健康型领导对工作绩效的正面和负面影响。首先，COR 理论的资源获取路径解释了健康型领导对工作绩效的积极影响。健康型领导是一种有益的工作资源，并被证实对员工的健康和福祉都是至关重要的，[1]它不仅直接影响员工的健康，还可以作为工作要求和员工健康之间的缓冲。[2]健康型领导通过支持员工活动、关心员工健康、创建健康的组织文化为员工提供工作所需资源，满足员工在工作场所中的基本需求，基本需求得到满足的员工感受到组织对其关心、呵护，促进其在工作中的繁荣感，繁荣的员工活力满满、精神旺盛，更容易体会到积极情绪。而且，繁荣的员工通过学习获取工作所需的技能和知识，不断进步的感觉也会增加信心。[3]从 COR 理论的视角看，基本心理需求和工作繁荣都可以被视为员工获取资源的渠道，为高水平工作绩效的实施准备了充足的资源。

〔1〕 Klug, Katharina, Jörg Felfe, and Annika Krick, "Caring for Oneself or for others? How Consistent and Inconsistent Profiles of Health - oriented Leadership are Related to Follower Strain and Health", *Frontiers in Psychology*, 10 (2019), p. 2456.

〔2〕 Krick, Annika, Jörg Felfe, and Sarah Pischel, "Health-oriented Leadership as a Job Resource: can Staff care Buffer the Effects of Job Demands on Employee Health and Job Satisfaction?", *Journal of Managerial Psychology*, 37. 2 (2022), pp. 139-152.

〔3〕 Spreitzer, Gretchen, et al., "A Socially Embedded Model of Thriving at Work", *Organization Science*, 16. 5 (2005), pp. 537-549.

其次，COR 理论的资源消耗路径解释了健康型领导对工作绩效的消极影响。本研究提出的健康型领导关注员工身心健康、注重缓解压力的特征与高绩效要求产生冲突，导致员工对优先事项缺乏清晰的认知。角色模糊源自领导（角色发出者）与下属（即角色接受者）对工作任务缺乏沟通或沟通不及时。角色模糊会增加下属在工作中的不确定性，不确定的增加容易引起焦虑。焦虑的员工往往带来较差的工作绩效。COR 理论认为个体在工作中都有保护现有资源和获取新资源的倾向，资源损失时会引起个体的紧张和压力，[1]工作资源是个体顺利完成各项工作的保障，因角色模糊和焦虑引起资源的消耗势必会影响到员工的工作表现。

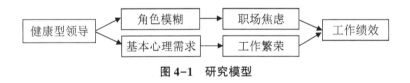

图 4-1　研究模型

三、研究方法

（一）研究样本与程序

本研究采用在线方式并以团队为单位开展问卷收集工作，调研对象涉及中国北京、上海、山东、河南等 10 个省级 40 余家企业的全职员工及其团队负责人，行业涉及制造业、建筑业、餐饮业等。其中，除工作绩效这一变量由团队负责人填写外，健康型领导、基本心理需求等其余五个变量由员工自评。本次

---

〔1〕　Hobfoll, Stevan E., "Conservation of Resources: A New Attempt at Conceptualizing Stress", *American Psychologist*, 44. 3 (1989), p. 513.

调查共发放在线问卷 600 份，剔除缺项、前后逻辑不一致等无效问卷后最终得到有效问卷为 565 份，问卷有效回收率为 94.17%。

对样本的人口统计学特征进行了详细的描述，在有效的 565 份问卷中，性别方面，男性占 66.2%，女性占 33.8%；在年龄方面，25~35 岁共占比 45.8%，接近一半；在受教育程度方面，本科和硕士研究生人数较多，分别占比 63% 和 22.5%；在工作年限方面，4 年以上的员工占 70%；在职位等级方面，无管理权力的普通员工最多，比例高达 76.3%。

（二）测量工具

本研究所使用的变量测量工具均来自国外成熟量表，经过检验具有良好的信效度。所有变量测量均采用李克特 5 点计分方式进行测量（1=完全不符合，5=完全符合）。

1. 健康型领导

采用 Franke 等（2014）编制的健康型领导，该量表包括员工自我关怀和领导关怀两方面，本研究使用了员工自我关怀部分。[1]该部分量表包含 30 个题项，如"当我的健康出现问题时，我的领导会及时察觉到""我的领导觉得有责任关心我的健康""我的领导鼓励我在空闲时间为健康多做努力"等。该量表的 Cronbach's α 为 0.969。

2. 基本心理需求

采用 Van den Broeck 等（2010）编制的基本心理需求量

---

〔1〕 Franke, Franziska, Jörg Felfe, and Alexander Pundt, "The Impact of Health-oriented Leadership on Follower Health: Development and Test of a New Instrument Measuring Health-promoting Leadership", *German Journal of Human Resource Management*, 28.1-2 (2014), pp. 139-161.

表，该量表包含 16 个题项，划分为三个维度。[1]其中自主需求包括 6 个题项，如 "我在工作中必须做的任务是我真正想做的"；胜任需求包括 4 个题项，如 "我觉得我能胜任我的工作"；关系需求包括 6 个题项，如 "在工作中，我可以和人们谈论对我来说真正重要的事情"。该量表的 Cronbach's α 为 0.959。

3. 工作繁荣

采用 Porath 和 Spreitzer（2012）编制的工作繁荣量表，该量表包含活力和学习两个维度，每个维度含 5 个题项。[2]活力维度："在工作中，我充满能量和精力"；学习维度："随着时间的推移，我学到越来越多的东西"。该量表的 Cronbach's α 为 0.923。

4. 角色模糊

采用 Schwab 等（1983）编制的角色模糊量表，共 6 个题项，如 "我的工作是明确的、有计划的目标" "我知道我在工作中的职责是什么" 等。[3]该量表的 Cronbach's α 为 0.892。

5. 职场焦虑

采用从 McCarthy 和 Goffin（2004）开发的职场焦虑量表，共 8 个题项，如 "一想到在工作中表现不好，我就不知所措"

---

[1]　Van den Broeck, Anja, et al., "Capturing Autonomy, Competence, and Relatedness at Work: Construction and Initial Validation of the Work-related Basic Need Satisfaction Scale", *Journal of Occupational and Organizational Psychology*, 83. 4（2010）, pp. 981-1002.

[2]　Porath, Christine, et al., "Thriving at Work: Toward its Measurement, Construct Validation, and Theoretical Refinement", *Journal of Organizational Behavior*, 33. 2（2012）, pp. 250-275.

[3]　Schwab, Richard L., Edward F. Iwanicki, and Dorothy A. Pierson, "Assessing Role Conflict and Role Ambiguity: A Cross Validation Study", *Educational and Psychological Measurement*, 43. 2（1983）, pp. 587-593.

"即使我尽可能地努力，我仍然担心我的工作表现是否会足够好"。[1]该量表的 Cronbach's α 为 0.919。

6. 工作绩效

采用 Janssen 和 Van Yperen（2004）编制的工作绩效量表，共 5 个题项，如"该员工经常不能履行必要的职责""该员工总是能完成工作描述中规定的职责"等。[2]该量表的 Cronbach's α 为 0.901。

7. 控制变量

根据已有的领导风格对工作绩效的研究，人口统计学特质以及相关工作经历会对角色模糊、职场焦虑、基本心理需求、工作繁荣以及工作绩效产生影响，因此本研究选取性别、年龄、学历、工龄、职级和行业类型作为控制变量。

（三）信效度分析

表4-1展示了本研究中各量表的因子载荷量、CR（Composite Reliability）和 AVE（Average of Variance Extracted）。健康型领导、基本心理需求、工作繁荣、角色模糊、职场焦虑和工作绩效的 CR 高于 0.8，表明本研究所使用的量表具有良好的信度。效度检验的标准参考 Fornell 和 Larcher（1981）的研究。在表4-1中，观测变量的因子载荷量均大于 0.6，各变量的 AVE 值大于 0.5，表明各量表的聚合效度良好；AVE 的开根号值均大于与其他潜变量的相关系数的最大值，且潜变量之

---

〔1〕 McCarthy, Julie, and Richard Goffin, "Measuring Job Interview Anxiety: Beyond Weak Knees and Sweaty Palms", *Personnel Psychology*, 57. 3 (2004), pp. 607–637.

〔2〕 Janssen, Onne, and Nico W. Van Yperen, "Employees' Goal Orientations, the Quality of Leader-member Exchange, and the Outcomes of Job Performance and Job Satisfaction", *Academy of Management Journal*, 47. 3 (2004), pp. 368–384.

间的相关系数均小于0.5，远小于限定的0.85，说明量表的区分效度较高。

表4-1 信效度分析（N=565）

变量	因子负荷量	CR	AVE	区别效度					
				1	2	3	4	5	6
健康型领导	0.624-0.853	0.970	0.517	0.719					
基本心理需求	0.718-0.848	0.959	0.595	0.465	0.772				
工作繁荣	0.689-0.819	0.924	0.550	0.287	0.489	0.742			
角色模糊	0.724-0.838	0.894	0.584	0.318	0.198	0.165	0.764		
职场焦虑	0.656-0.872	0.920	0.591	0.200	0.177	0.222	0.429	0.769	
工作绩效	0.726-0.861	0.902	0.649	0.322	0.268	0.265	-0.267	-0.213	0.805

（注：对角线粗体字为AVE开根号值，下三角为维度之间的皮尔森相关系数）

（四）验证性因子分析

在进行假设检验之前，先使用Mplus8.3对相关变量进行验证性因子分析。在表4-2中CFA结果显示，相比于其他竞争模型，六因子模型（将健康型领导、基本心理需求、工作繁荣、角色模糊、职场焦虑、工作绩效单独作为一个因子）的拟合度最好。六因子模型的拟合指标如下：卡方和自由度的比值=2.050，CFI=0.905，TLI=0.902，RESEA=0.043，SRMR=0.040。

表4-2　验证性因子分析结果（N=565）

	模型	χ^2/df	CFI	TLI	RESEA	SRMR
M1	A，B，C，D，E，F	2.050	0.905	0.902	0.043	0.040
M2	A，B+C，D，E，F	2.889	0.828	0.823	0.058	0.061
M3	A，B，C，D+E，F	2.574	0.857	0.852	0.053	0.057
M4	A，B+C，D+E，F	3.412	0.780	0.774	0.065	0.074
M5	A，B+C+D+E，F	4.530	0.678	0.669	0.079	0.103
M6	A+B+C+D+E，F	6.482	0.500	0.486	0.098	0.135
M7	A+B+C+D+E+F	7.039	0.449	0.434	0.103	0.139

（注：A代表健康型领导，B代表基本心理需求，C代表工作繁荣，D代表角色模糊，E代表职场焦虑，F代表工作绩效，"+"表示两个因子合为一个因子）

四、实证结果与分析

（一）描述性分析

本研究使用 SPSS26.0 对样本数据进行了 Person 相关分析。表4-3显示，健康型领导与工作绩效正相关（r=0.308，p<0.01）；健康型领导与基本心理需求和工作繁荣正相关（r=0.446，p<0.01；r=0.271，p<0.01）；基本心理需求与工作繁荣显著正相关（r=0.465，p<0.01）；基本心理需求和工作繁荣与工作绩效均正相关（r=0.250，p<0.01；r=0.246，p<0.01）；此外，健康型领导与角色模糊和职场焦虑正相关（r=0.297，p<0.01；r=0.193，p<0.01）；角色模糊与职场焦虑正相关（r=0.397，p<0.01）；角色模糊和职场焦虑与工作绩效均负相关（r=-0.234，p<0.01；r=-0.210，p<0.01）。

相关关系的结果支持了假设 H1、H2a、H2b、H3a、H3b、H4a、H5a、H5b、H6a、H6b 和 H7a，其余假设也得到初步的验证

表4-3 各变量均值、标准差与相关分析（N=565）

变量	平均值	标准差	1	2	3	4	5	6
健康型领导	2.452	0.668	1					
基本心理需求	2.883	0.738	0.446**	1				
工作繁荣	3.460	0.533	0.271**	0.465**	1			
角色模糊	2.072	0.682	0.297**	0.184**	0.154**	1		
职场焦虑	2.009	0.641	0.193**	0.165**	0.208**	0.397**	1	
工作绩效	3.431	0.658	0.308**	0.250**	0.246**	-0.234**	-0.210**	1

注：* $P<0.05$，** $P<0.01$（双尾检验）

（二）假设检验

本研究使用 Mplus8.3 进行链式中介效应检验，采用 Bootstrap 法进行假设检验，将性别、年龄、学历、工龄、职级和行业类型作为控制变量。首先进行独立中介效应检验。采用 Bootstrap 法对基本心理需求、工作繁荣、角色模糊、职场焦虑的单独中介效应进行检验，设定重复抽样次数为 5000，置信区间水平为95%。独立中介效应检验结果为表4-4。

表 4-4   独立中介效应分析结果（N=565）

作用路径	效应量	S. E.	95%CI 下限	95%CI 上限
HL→BNS→JP	0.059	0.020	0.022	0.099
HL→TAW→JP	0.047	0.014	0.023	0.077
HL→RA→JP	−0.103	0.019	−0.147	−0.069
HL→WA→JP	−0.055	0.015	−0.090	−0.030

（注：HL 代表健康型领导、BNS 代表基本心理需求、TAW 代表工作繁荣、RA 代表角色模糊、WA 代表职场焦虑、JP 代表工作绩效）

表 4-4 结果显示，健康型领导通过基本心理需求对工作绩效的影响的效应量为 0.059，置信区间为［0.022, 0.099］；健康型领导通过工作繁荣对工作绩效的影响的效应量为 0.047，置信区间为［0.023, 0.077］；健康型领导通过角色模糊对工作绩效的影响的效应量为−0.103，置信区间为［−0.147, −0.069］；健康型领导通过职场焦虑对工作绩效影响的效应量为−0.055，置信区间为［−0.090, −0.030］；可见，基本心理需求、工作繁荣、角色模糊和职场焦虑在健康型领导与工作绩效间的中介效应模型的置信区间均不包含 0，假设 H2、H3、H5、H6 得到支持。

其次，链式中介效应检验。同样使用 Mplus8.3 采用 Bootstrap法进一步检验链式中介效应，设置重复抽样次数为 5000，置信区间水平为 95%。链式中介效应检验结果见表 4-5。

表 4-5　链式中介效应分析结果（N=565）

作用路径	效应量	S. E.	95%CI 下限	95%CI 上限
HL→BNS→JP	0.041	0.019	0.005	0.080
HL→TAW→JP	0.017	0.009	0.002	0.039
HL→BNS→TAW→JP	0.037	0.009	0.021	0.057
TOTALIND	0.095	0.020	0.057	0.139
HL→RA→JP	−0.086	0.018	−0.124	−0.055
HL→WA→JP	−0.019	0.009	−0.041	−0.004
HL→RA→WA→JP	−0.023	0.006	−0.038	−0.013
TOTALIND	−0.128	0.023	−0.175	−0.087

（注：HL 代表健康型领导，BNS 代表基本心理需求，TAW 代表工作繁荣，RA 代表角色模糊，WA 代表职场焦虑，JP 代表工作绩效）

（1）建立"健康型领导→基本心理需求→工作繁荣→工作绩效"的链式中介效应（路径系数见图 4-1）。由表 4-5 所示：链式中介效应量为 0.037，置信区间为 ［0.021，0.057］，不包含 0，表明基本心理需求和工作繁荣在健康型领导对工作绩效的影响中起链式中介作用。在链式中介中，还存在两条中介路径：健康型领导→基本心理需求→工作绩效，健康型领导→工作繁荣→工作绩效。基本心理需求在健康型领导与工作绩效间的中介效应量为 0.041，置信区间为 ［0.005，0.080］，不包含 0，中介效应显著；工作繁荣在健康型领导与工作绩效的中介效应量为 0.017，置信区间为 ［0.002，0.039］，不包含 0，中介效应显著。可见，基本心理需求和工作繁荣在健康型领导对工作绩效的影响中发挥链式中介效应，假设 H4 得到支持。

（2）建立"健康型领导→角色模糊→职场焦虑→工作绩效"链式中介效应（路径系数见图4-1）。由表4-5可知：链式中介效应的效应量为-0.023，置信区间为［-0.038，-0.013］，不包含0，表明角色模糊和职场焦虑在健康型领导对工作绩效的影响中有链式中介作用。在链式作用中，还存在两条中介路径：健康型领导→角色模糊→工作绩效、健康型领导→职场焦虑→工作绩效。其中角色模糊在健康型领导与工作绩效间的中介效应量为-0.086，置信区间为［-0.124，-0.055］，不包含0，中介效应显著；职场焦虑在健康型领导与工作绩效间的中介效应量为-0.019，置信区间为［-0.041，-0.004］，不包含0，中介效应显著，可见角色模糊和职场焦虑在健康型领导对工作绩效的影响中发挥链式中介效应，假设H7得到支持。

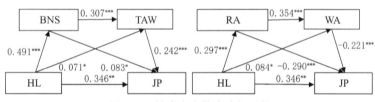

图4-2　链式中介效应路径系数

注：（1）HL表示健康型领导、BNS代表基本心理需求、TAW代表工作繁荣、RA代表角色模糊、WA代表职场焦虑、JP代表工作绩效。

（2）***表示P小于0.001，**表示P小于0.01，*表示P小于0.05。

五、研究结论与启示

（一）研究结果讨论

已有研究主要从健康型领导对员工工作绩效的促进机制出

发并验证了健康型领导对员工工作绩效有积极影响。本研究基于 COR 理论中的资源获取和资源消耗路径探讨了健康型领导对工作绩效的双刃剑效应，分别引入基本心理需求、工作繁荣、角色模糊和职场焦虑作为中介变量，构建了健康型领导对员工工作绩效的双链式中介模型。结果表明：①健康型领导对基本心理需求、工作繁荣、角色模糊、职场焦虑均具有显著正向影响。②基本心理需求、工作繁荣、角色模糊和职场焦虑在健康型领导与工作绩效之间的独立中介效果显著。③基本心理需求与工作繁荣在健康型领导对工作绩效的影响中起链式中介作用。健康型领导作为一种支持性的领导风格给予员工一定的工作自主权，满足员工的基本需求，进而促进其在工作上的繁荣，对工作绩效产生正向影响。④角色模糊与职场焦虑在健康型领导对工作绩效的影响中起链式中介作用。健康型领导所推崇的健康工作、合理休息的理念与组织的绩效要求冲突可能会导致员工角色的模糊，进而引起工作场所的焦虑，最终对工作绩效产生负向影响。

（二）理论贡献

本研究的理论意义在于：

第一，发现了健康型领导的潜在消极影响，多视角看待健康型领导的复杂性。目前大部分研究认为，健康型领导对工作绩效具有积极影响，例如健康型领导可以促进更高水平的员工幸福感、更坚定的组织承诺、更低的离职率、更多的角色外行为。研究者和管理者更加关注工作场所健康管理行为的"光明面"，本研究将角色模糊和职场焦虑作为中介变量，探究健康型领导对工作绩效的消极影响。具体而言，本研究认为健康型领导推崇健康工作、合理休息的理念与组织的高绩效要求相悖，这可能使得员工不清楚领导或组织对他们的期望究竟是什么，因此员工会形成角色模糊。长时间的角色模糊消耗员工大量的资源导致工作场所焦虑，降低工作绩效。以上研究证实了健康型领导对工作绩效的"阴暗面"，为理解健康型领导提供了更加全面且辩证的视角。

第二，本研究拓展了工作绩效的前因变量。领导行为是影响工作绩效的重要前因之一。以往的研究表明，积极的领导行为，如服务、支持、包容、变革性领导可以带来更好的工作表现，而消极的领导行为，如辱虐管理，会导致员工身心健康受损，影响工作表现。然而本研究表明，即便是积极的领导行为（如健康型领导）也可能存在相应的中介机制对工作表现产生负向的影响。本研究扩展了影响员工工作绩效的领导行为因素，并且引入了合适的中介变量，为后续研究提供了实证参考。

第三，本研究丰富了 COR 理论的适用范围，巧妙地将 COR 理论的资源获取和资源损耗路径应用于健康型领导对工作绩效的双重影响中。一方面，健康型领导为员工提供社会支持、及时的任务沟通与反馈等工作资源，能够提高员工的工作满意度和工作绩效、减少情绪衰竭和健康投诉。健康型领导满足了员工基本心理需求并促进了工作繁荣，而基本心理需求和工作繁荣都能够促进资源的产生，为员工完成工作目标提供了资源保障。另一方面，过度地关注员工健康可能会导致员工的角色模糊，引发职场焦虑。无论是角色模糊还是职场焦虑都会消耗工作资源，根据资源的有限性，员工不得不减少在完成工作目标上投入的资源，从而对工作绩效产生不良影响。

（三）实践启示

本研究的结论对组织管理实践活动具有重要启示。第一，组织应该辩证、全面地看待健康型领导对工作绩效的影响。现在研究集中在健康型领导对下属绩效的积极影响。在实践中，领导者如何既能推行合理安排休息时间、注重身体健康、可持续的工作等理念，又能激励员工保持高产出是值得组织关注的问题。因此，组织在鼓励领导者关注员工健康的同时，也应该避免产生角色模糊、职场焦虑等附属品。

第二，组织应该依据员工特征设计健康管理计划。绩效水平高的员工会将健康型领导作为其提升工作绩效的资源。健康型领导具备支持性、包容、亲力亲为等特征，这些特征作为工作资源影响员工工作表现。而面对绩效压力较大的员工，组织首先应当明确他们的工作任务。从组织自身角度来看，如果组织以绩效为导向，健康型领导可以合理优化员工的工作次序，为员工合理安排工作任务。

（四）研究局限与展望

本研究存在以下几点不足：首先，本次的问卷是同一时间发放的，未来可进一步采取多阶段、多数据源的数据收集方法，更全面、深刻地了解健康型领导对工作结果变量的研究。其次，研究中健康型领导由下属评价获得，未来研究可以同时关注领导自评、员工自评，并将二者进行配对检验。当二者匹配时，例如高健康型领导—高下属健康观念和低健康型领导—低下属健康观念的情况，双方就是否采取健康的工作方式达成一致，下属更理解领导的行为方式，将有利于减少健康型领导的消极效应；当二者不匹配时，例如高健康型领导—低下属健康观念和低健康型领导－高下属健康观念的情况下，双方对是否采取健康的工作方式不一样时，容易诱发员工产生认知失调。最后，本研究仅通过中介效应的分析验证了健康型领导对下属工作绩效的双刃剑效应，未来可进一步探究作用的边界机制，如组织氛围、人格因素等因素都可能影响下属对健康型领导的感知。

第五章

健康型领导对员工创新行为的
跨层影响研究

一、引言

面对日益复杂、多变的商业环境，创新思维、能力与行为被视为企业发展的不竭动力。由于国际环境的深刻变化，越来越多的企业将提高创新能力作为其生存与发展壮大的重要举措。员工作为企业创新的主要力量，员工的创新行为是企业永续创新的基础。相关研究表明，员工创新行为是员工对工作中的问题产生新的想法或解决方案，并为之付诸行动的过程，该行为的激发需要员工保持高度投入和专注。

创新行为是员工在完成工作目标之外的主动性行为，这要求优秀的领导者和组织提供更多的资源以满足员工的需求。而近年来，科研人员和企业员工抱病工作或在工作中突发疾病逝世等工作场所健康负向事件多发，侧面反映了员工在工作中面临着较大的职业压力和健康压力。员工健康的价值如今越来越受到重视。因此，领导力在促进员工和组织健康可持续发展方面起着至关重要的作用。以员工为导向，以健康为导向的领导会考虑员工需求，创造健康的工作环境，并实施健康促进行为。尽管目前尚未就健康型领导的定义达成共识，但从不同观点来看，健康型领导的最终目标是加强员工和组织的健康管理，最终实现员工和组织的健康可持续发展。

对于健康型领导作用机制的研究主要集中在三个方面：员工健康状况、工作态度和工作行为。①健康状况。实证研究证明，健康型领导对下属的健康状况有显著的积极影响。领导者通过直接沟通、健康管理实践和树立良好的自我健康榜样来影响员工的健康状况。[1][2]②工作态度。健康型领导对员工的工作态度有积极影响，包括工作满意度、[3][4]情感承诺、员工参与。[5]负面效应包括工作倦怠和离职意向。③工作行为。Klebe 等人（2021）发现，在 COVID-19 期间，健康型领导对员工的工作绩效能够产生积极影响。[6]然而，也有一些研究

〔1〕 Franke, Franziska, and Jörg Felfe, "Diagnose Gesundheitsförderlicher Führung-Das Instrument 'Health-oriented Leadership'", *Fehlzeiten-Report* 2011: *Führung und Gesundheit: Zahlen, Daten, Analysen aus allen Branchen der Wirtschaft*, (2011), pp. 3-13.

〔2〕 Franke, Franziska, Jörg Felfe, and Alexander Pundt, "The Impact of Health-oriented Leadership on Follower Health: Development and Test of a New Instrument Measuring Health-promoting Leadership", *German Journal of Human Resource Management*, 28. 1-2 (2014), pp. 139-161.

〔3〕 Milner, Karen, et al., "The Relationship Between Leadership Support, Workplace Health Promotion and Employee Wellbeing in South Africa", *Health Promotion International*, 30. 3 (2015), pp. 514-522.

〔4〕 Skarholt, Kari, et al., "Health Promoting Leadership Practices in Four Norwegian Industrie-s", *Health Promotion International*, 31. 4 (2016), pp. 936-945.

〔5〕 Kaluza, Antonia J., et al., "How do Leaders' Perceptions of Organizational Health Climate Shape Employee Exhaustion and Engagement? Toward a Cascading-effects Model", *Human Resource Management*, 59. 4 (2020), pp. 359-377.

〔6〕 Klebe, Laura, Jörg Felfe, and Katharina Klug, "Healthy Leadership in Turbulent Times: The Effectiveness of Health-oriented Leadership in Crisis", *British Journal of Management*, 32. 4 (2021), pp. 1203-1218.

发现，健康型领导在短期内可能会降低工作绩效，但长期来看，可以显著提高员工的工作绩效。

尽管越来越多的学者开始关注健康型领导，但关于健康型领导的影响效应、作用机制和边界条件仍存在一些空白。除了与上述三个方面相关的结果外，现有研究还没有深入探讨其他的与工作相关的重要结果，例如创新行为。考虑到创新行为具有巨大的经济和社会意义，我们应该研究健康型领导是否是组织内创新行为的前驱因素。此外，健康型领导行为在何种条件下最有效也尚未知晓。许多健康型领导行为可以通过员工的认知和行为直接或间接影响与工作相关的结果。同时，员工对支持的渴望和对领导的期望各不相同。换句话说，由于个体差异和组织情境因素，健康型领导可能对不同员工产生不同的影响，从而影响员工行为。

本研究从社会学习理论（SLT）和工作要求-资源模型（JD-R）的角度，探讨了健康型领导对员工创新行为的影响，以回答健康型领导是否可以增强员工创新行为，以及在什么条件下能最有效地促进创新。领导行为可以直接影响员工的内在动力，从而改变他们的行为。心理授权反映了员工对四个工作相关维度的内在心理感知：工作意义、自主决策、自我效能和工作影响。对这四个方面有积极认知的员工更有可能在角色内和角色外的行为方面表现出色。我们认为，健康型领导可以增强员工的心理授权，这是解释领导行为对员工创新影响的一个重要中介因素。

根据资源保存理论，个体努力维持或增加自己的资源。健康型领导可以为员工提供更多的资源。当工作不安全感高时，资源的积极影响受到限制。因此，工作不安全感可能会影响健

康型领导与相关行为之间的积极关系，因为它会耗尽执行预期
行为所需的资源。然而，通过组织情境因素如组织创新氛围的
影响，可以引导员工的行为，激发他们利用资源。在此基础
上，我们提出，工作不安全感和组织创新氛围分别在个人和组
织层面上调节健康型领导与员工创新行为之间的关系。

　　本研究对健康型领导的研究做出了一些贡献。首先，我们
拓展了健康型领导的研究内容，探究了健康型领导对创新行为
的作用机制和边界条件。其次，本研究解释了为什么工作不安
全感和组织创新氛围具有调节作用。了解调节效应是十分重要
的，因为它们揭示了可能阻碍或促进健康型领导行为的条件。
最后，我们的研究为组织提供了关于设计和实施更有效的干预
措施以促进组织内创新行为的建议。本研究的理论框架如图 5-1
所示。

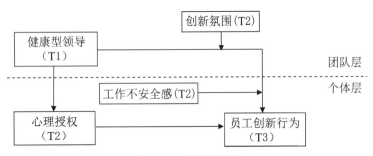

图 5-1　理论模型图

二、理论基础与研究假设

（一）健康型领导与员工创新行为

员工创新行为被视为包含创新思维产生、执行与实现的多

阶段过程，该过程既受到员工个人因素影响，也受组织因素影响。领导风格是影响员工创新行为的组织层面的重要预测变量。已有研究也验证了变革型领导、公仆型领导、真实型领导、双元领导、平台型领导等积极领导力对员工创新行为有正向预测作用。在特质观视角下，健康型领导是指领导者基于自身的健康价值观，培养促进员工身心健康的意识，进而实施支持下属健康发展的相关举措以改善员工和组织的健康状况，最终实现员工与组织的可持续发展。[1]健康型领导通过互动直接影响自己和下属的身体健康和主观幸福感，从而影响工作效果。健康型领导包含意识、价值和行为三个维度。健康型领导与上述领导同属于积极领导力的范畴，也很有可能对员工创新行为产生积极影响。健康型领导提升员工健康状况的主要方式有：①直接沟通。领导者通过与员工直接沟通，帮助员工加强工作场所内外的自我健康意识。②健康管理实践。领导者合理为员工安排工作任务和改善员工的工作环境。③树立自我健康榜样。领导者的个人影响力使员工愿意效仿领导者健康的生活方式，从而更好地追随领导。[2][3]

---

〔1〕　Franke, Franziska, and Jörg Felfe, "Diagnose Gesundheitsförderlicher Führung-Das Instrument 'Health-oriented Leadership'", *Fehlzeiten-Report* 2011: *Führung und Gesundheit: Zahlen, Daten, Analysen aus allen Branchen der Wirtschaft*, (2011), pp. 3-13.

〔2〕　Franke, Franziska, and Jörg Felfe, "Diagnose Gesundheitsförderlicher Führung-Das Instrument 'Health-oriented Leadership'", *Fehlzeiten-Report* 2011: *Führung und Gesundheit: Zahlen, Daten, Analysen aus allen Branchen der Wirtschaft*, (2011), pp. 3-13.

〔3〕　Franke, Franziska, Jörg Felfe, and Alexander Pundt, "The Impact of Health-oriented Leadership on Follower Health: Development and Test of a New Instrument Measuring Health-promoting Leadership", *German Journal of Human Resource Management*, 28. 1-2 (2014), pp. 139-161.

　　具体而言，首先在社会学习理论（SLT）视角下，健康型领导认知到自身担负着员工健康管理的责任，其通过向员工传递自我健康观念和健康的生活方式（如健康饮食、运动），并采取工作场所健康管理行为（如提供休息空间、设定工作优先级）；员工也有意愿把健康型领导视为学习榜样，进行积极的自我健康管理。健康型领导帮助员工保持身心健康、精力充沛和缓解职业、健康压力，[1]进而当员工面对高智力且复杂的创新活动时能保持精神高度集中和全身心投入，保障创新活动后劲足。其次，健康型领导通过个性化人文关怀、任务沟通、组织支持、积极反馈等途径为员工提供了充足的工作、健康和心理资源。工作要求—资源模型（JD-R）表明，从健康型领导中获得的工作和健康资源能够对员工产生增益效应，也就是说这些资源能够给员工带来一系列积极影响。[2]这些影响既可以是工作行为，也可以是工作计划外行为。尤其是对于具有高风险的创新行为来说，健康型领导为其提供了强有力的资源保障，让员工在健康中创新。基于此，本研究提出以下假设：

　　H1：健康型领导对员工创新行为有显著的正向影响。

---

　　〔1〕　Gurt, Jochen, and Gabriele Elke, "Health Promoting Leadership: The Mediating Role of an Organizational Health Culture", *Ergonomics and Health Aspects of Work with Computers: International Conference, EHAWC 2009, Held as Part of HCI International 2009, San Diego, CA, USA, July 19-24, 2009, Proceedings.* Springer Berlin Heidelberg, 2009, pp. 29-38.

　　〔2〕　Schaufeli, Wilmar B. , "Applying the Job Demands-resources Model", *Organizational Dynamics*, 2. 46（2017）, pp. 120-132.

（二）心理授权的中介作用

心理授权是一种存在于个体内部的心理状态，反映了对工作角色的积极态度，也是一种对授权的良好感知，其包含工作意义、自主性、自我效能、工作影响四个方面。组织提升员工心理授权感知实际上是一种内在激励，心理授权高的个体更能感知到工作对自身的重要性、工作中解决问题与决策的自主性更大、有更强的信心完成工作任务和提升自我、对组织或其他成员的影响也将更大。相关研究表明，在工作中心理授权体验感高的员工将会有更高的工作投入、[1]更多的组织公民行为、[2]更有可能表现出创造性。[3]Zhang 和 Bartol（2010）认为心理授权能够通过增加员工的内在动机，进而鼓励员工参与创造性的过程。[4]员工创新行为作为一项非常规任务，该过程的顺利完成有时需要突破标准化的工作程序。心理授权感知给予了员工很大的自主性，员工也就更有可能进行创新活动；缘于授权感知高的员工对组织和其同事的影响力更大，创新行

〔1〕　Aggarwal, Arun, et al. , "Leader–member Exchange, Work Engagement, and Psychological Withdrawal Behavior: the Mediating Role of Psychological Empowerment", *Frontiers in Psychology*, 11 (2020), p. 423.

〔2〕　Singh, Sanjay Kumar, and Ajai Pratap Singh, "Interplay of Organizational Justice, Psychological Empowerment, Organizational Citizenship Behavior, and Job Satisfaction in the Context of Circular Economy", *Management Decision*, 57. 4 (2018), pp. 937-952.

〔3〕　Jung, Dong I. , Chee Chow, and Anne Wu, "The Role of Transformational Leadership in Enhancing Organizational Innovation: Hypotheses and some Preliminary Findings", *The Leadership Quarterly*, 14. 4-5 (2003), pp. 525-544.

〔4〕　Zhang, Xiaomeng, and Kathryn M. Bartol, "Linking Empowering Leadership and Employee Creativity: The Influence of Psychological Empowerment, Intrinsic Motivation, and Creative Process Engagement", *Academy of Management Journal*, 53. 1 (2010), pp. 107-128.

为也更可能被落地执行。与此同时，相关学者也检验了心理授权对员工创新行为具有促进作用。[1][2]上述分析表明，心理授权是员工创新行为的一个重要前因变量。

领导力是心理授权在组织层面的一个重要的前因变量，相关实证研究表明变革型领导、包容型领导、道德型领导均能促进员工的心理授权，也验证了心理授权在这些领导力正向作用于员工创新行为的过程中的中介作用。健康型领导秉承可持续健康发展的领导理念，通过彼此之间积极的互动，关注下属工作与生活的平衡。尤其是当下属处于高压状态时，领导者为员工合理安排工作任务和改善员工的工作环境。[3]健康型领导能够通过对员工关怀，减少员工的心理负担，激发员工的潜能，从而增强下属心理授权感。在工作要求—资源模型视角下，员工在面对工作创新这一非常规任务时，会消耗大量的健康、心理、工作资源，健康型领导可以作为一种多角度的资源保障为员工创新行为提供后盾，适时满足了员工的内在需求，激发了员工创新的动力。基于此，本研究提出以下假设：

H2：心理授权在健康型领导与员工创新行为之间起中介作用。

〔1〕 Javed, Basharat, et al., "Impact of Ethical Leadership on Creativity: the Role of Psychological Empowerment", *Current Issues in Tourism*, 20.8 (2017), pp. 839–851.

〔2〕 孙永磊、宋晶、陈劲：《差异化变革型领导、心理授权与组织创造力》，载《科学学与科学技术管理》2016年第4期，第137~146页。

〔3〕 Gurt, Jochen, Christian Schwennen, and Gabriele Elke, "Health – specific Leadership: Is there an Association Between Leader Consideration for the Health of Employees and their Strain and Well–being?", *Work & Stress*, 25.2 (2011), pp. 108–127.

（三）组织创新氛围的调节作用

领导效能取决于领导、下属和组织情境因素之间的协调。因此，在考虑领导行为对下属创新行为的影响时，还应关注组织情境因素对健康型领导与创新行为关系的影响。组织创新氛围是一种组织特质，它取决于组织成员对组织创新环境的感知，[1]其涉及同事支持、主管支持、组织支持三个维度。健康型领导可以通过为员工提供健康支持和服务来增加员工的工作资源，满足员工的需求。对领导者的期望与上级领导者的实际行为匹配程度越高，员工越愿意接受领导者的影响。组织中的创新氛围越强，员工从同事、领导和组织中获得的创新支持和资源就越多，员工参与创新行为的可能性就越大。组织的创新氛围愈浓厚，员工的创新行为越可能发生。组织创新氛围较强的组织有如下特征：创新活动支持力度大、拥有较为完善的创新激励机制。对创新活动支持力度大表现在同事之间相互交流想法、主管鼓励下属针对改善生产和服务提出不同建议、组织认可有创新精神的员工并为其提供所需物质、技术等支持。也就是说，创新气氛浓厚的组织实际上向员工释放出一种信号，员工主动在工作中进行创新活动是被组织和领导所期许的，并且当创新活动发挥良效后员工可以获得相应的物质或精神激励。这些外在激励也为员工创新行为提供了内在动机，又进一步推进员工创新活动。国内外的相关研究中，组织创新氛围可以正向预测员工工作创新行为和组织创

---

[1] Amabile, Teresa M., et al., "Assessing the Work Environment for Creativity", *Academy of Management Journal*, 39.5 (1996), pp. 1154-1184.

新绩效。[1][2]

组织创新氛围在研究中被视为一个重要的组织情境变量，可以用于探索健康型领导与员工创新行为之间的关系。当组织中存在强烈的创新氛围时，员工会与上级和同事就创新行为的重要性达成共识，这可能导致员工产生更多的创新行为。反之，当组织中没有创新氛围时，领导效能也会受到这类组织情境因素的影响，从而削弱健康型领导对员工创新行为的积极影响。在职场员工身体健康频亮红灯的背景下，健康型领导可以通过改变员工高压快节奏的工作方式和增加员工的健康资源，[3]帮助员工建立工作责任意识，进而投入更多的时间和精力进行创新活动。试想，如果员工背负工作压力和工作倦怠情绪，甚至被生理、心理疾病困扰，其固然不能轻松愉悦地进行创新。基于此，本研究提出以下假设：

H3：组织创新氛围在健康型领导与员工创新行为之间起正向调节作用。

（四）工作不安全感的调节作用

在后疫情时代全球劳动力市场危机加剧，国际劳工组织预

---

〔1〕 王辉、常阳：《组织创新氛围、工作动机对员工创新行为的影响》，载《管理科学》2017年第3期，第51~62页。

〔2〕 Shanker, Roy, et al. , "Organizational Climate for Innovation and Organizational Performance: The Mediating Effect of Innovative Work Behavior", *Journal of Vocational Behavior*, 100 (2017), pp. 67~77.

〔3〕 Jiménez, Paul, Bianca Winkler, and Anita Dunkl, "Creating a Healthy Working Environment with Leadership: The Concept of Health-promoting Leadership", *The International Journal of Human Resource Management*, 28. 17 (2017), pp. 2430~2448.

计到 2022 年全球失业人数将达到 2.05 亿，这一外部事件给员工带来了就业不确定性和工作不安全感。依据事件系统理论，由疫情带来的负向影响的强度可能会增加员工的工作不安全感。工作不安全感是个体对工作变化和不连续性的心理感知，包括工作数量不安全感和工作质量不安全感。工作数量不安全感指对失业的担忧；工作质量不安全感主要指对职业未来发展与前景的忧虑。当员工感知到的工作不安全感程度过高时会给员工带来压力、倦怠情绪，甚至出现行为偏差。[1]目前，学者对工作不安全感如何影响员工创新行为的结论不尽一致。譬如，陈明淑、周子旋（2020）的研究认为工作不安全感是一种挑战性压力源，员工能够通过适应性学习缓解工作不安全感带来的压力，进而促进创造力。[2]周浩和龙立荣（2011）验证了工作不安全感与员工创新行为之间存在倒 U 型关系，即随着员工感知到的工作不安全感的增加，员工创新行为呈现先增加后减少的趋势。[3]而 De Spiegelaere 等人（2014）验证了当工作不安全感作为一种阻碍性压力源时，会对员工创新行为有负向影响。[4]工作不安全感高往往表明员工现有资源不足，需要通过各种方式补充。人们需要利用许多现有的资源来实现

〔1〕　Jiang, Lixin, and Lindsey M. Lavaysse, "Cognitive and Affective Job Insecurity: A Meta-analysis and a Primary Study", *Journal of Management*, 44.6（2018）, pp. 2307-2342.

〔2〕　陈明淑、周子旋：《工作不安全感对员工创造力的积极影响：基于压力学习效应的视角》，载《中国人力资源开发》2020 年第 5 期，第 33~45 页。

〔3〕　周浩、龙立荣：《工作不安全感、创造力自我效能对员工创造力的影响》，载《心理学报》2011 年第 8 期，第 929~940 页。

〔4〕　De Spiegelaere, Stan, et al., "On the Relation of Job Insecurity, Job Autonomy, Innovative Work Behaviour and the Mediating Effect of Work Engagement", *Creativity and Innovation Management*, 23.3（2014）, pp. 318-330.

他们当前的工作目标。[1]因此，当员工工作不安全感较高时，健康型领导者提供给下属的资源在缓解员工当前心理状态、完成常规工作目标和创新等角色外行为之间形成了竞争关系。为了改善员工的创新行为，促进组织和员工的可持续发展，健康型领导会提供特定的资源来满足员工的需求。当员工面临高度的工作不安全感时，他们用于应对心理状况的创新资源就会减少。反之，如果员工的工作不安全感较低，则上级领导提供的资源能够满足员工当前的工作目标和角色外行为（如创新）的要求。本研究认为，由于创新是一项长期的工作，后疫情时代员工与企业均面临健康问题的挑战，在创新的过程中更要提高自我韧性，因此员工面对高工作不安全感时不太可能先选择创新行为。基于此，本研究提出以下假设：

H4：工作不安全感在健康型领导与员工创新行为之间起负向调节作用。

三、研究方法

（一）研究样本与程序

本研究采用分时点问卷调查的方法进行数据收集，共历时七个多月。调研企业涉及外资企业、私营企业、合资企业和国有企业。问卷包含领导版和员工版，领导自我评价如何处理那些与下属健康相关的工作及工作环境的特征，并评价下属创新

〔1〕 Bakker, Arnold B., and Evangelia Demerouti, "The Job Demands-resources Model: State of the Art", *Journal of Managerial Psychology*, 22.3 (2007), pp. 309-328.

行为。员工评价直属领导的健康管理行为，感知到的心理授权、组织创新氛围和工作不安全感。在 T1 时间段收集团队中领导与员工的人口统计学信息、领导对其工作场所健康管理的自我感知和员工对直接领导的健康管理行为的感知评价，共回收 45 份团队领导问卷和 500 份员工问卷。在 T2 时间段（T1后的 1 个月）收集感知到的心理授权、组织创新氛围和工作不安全感，共回收 39 份团队领导问卷和 456 份员工问卷。在 T3时间段（T2 后的 6 个月）收集各团队领导对下属创新行为的评价信息，回收 30 份团队领导和 400 份员工问卷。最终员工版有效问卷为 387 份，有效问卷回收率为 87.6%。调研样本来自北京、广州等地区，每名主管的直接下属在 6~25 人不等。

在最终有效样本中，领导样本结构为：53.33% 为男性，46.67% 为女性；年龄集中于 30~50 岁，占比为 76.66%；工作年限多集中于 4~10 年，占比为 56.67%；基层管理者占比26.67%，中层管理者占比 36.67%，高层管理者占比 36.67%。团队成员样本结构为：56.33% 为男性，43.67% 为女性；年龄集中在 40 岁以下，其中 30 岁以下占比 40.57%，30~40 岁占比36.95%；工作年限集中在 4~10 年，占比 45.48%；调查样本所在行业集中于科技型企业、制造业和批发、零售业；团队（不含领导）平均规模为 12.9 人，每个团队人数介于 10~23 人。

表 5-1　样本的描述性统计分析（N1=30；N2=387）

特　征		领　导	员　工
性别	男	53.33%	56.33%
	女	46.67%	43.67%

特　征		领　导	员　工
年龄	30 岁以下	23.33%	40.57%
	30~40 岁	43.33%	36.95%
	41~50 岁	33.33%	18.09%
	50 岁以上	－	4.39%
工作年限	1 年以下	6.67%	22.48%
	1~3 年	13.33%	22.48%
	4~10 年	56.67%	45.48%
	10 年以上	23.33%	9.56%
职位类型	基层管理者	26.67%	－
	中层管理者	36.67%	－
	高层管理者	36.67%	－
所在组织类型	私营企业	40%	45.22%
	国有企业	40%	19.64%
	外资企业	3.33%	4.65%
	合资企业	6.67%	24.81%
	事业单位	10%	5.68%
样本（N＝417）	领导（N1＝30）	7.2%	－
	员工（N2＝387）	－	92.8%

（二）测量

本研究所采用的量表均为国内外学者编制的成熟量表，所有题项均采用李克特 5 点计分法（1＝非常不符合，5＝非常符合）。

1. 健康型领导

由 Franziska Franke 和 Jörg Felfe（2014）编制，该量表包含领导版和员工版，每版 31 个题目，包含健康认识、健康价值和健康行为三个维度。[1]领导版量表题目如"当我的下属健康出问题时，我会立即察觉到""对我而言，下属的健康是非常重要的""我会建议下属追求健康的生活方式（例如健康饮食、戒烟、运动）"等；相对应的员工版量表包含的题目"当我的健康出问题时，我的领导会及时察觉到""我的健康对领导而言是非常重要的""我的领导会建议我追求健康的生活方式（例如健康饮食、戒烟、运动）"。

2. 心理授权

该量表由 Spreitzer（1995）编制，后由国内学者李超平等（2006）改编。[2][3]包含工作意义、自主性、自我效能、工作影响四个维度，每个维度有三个题目，如"我所做的工作对我来说非常有意义""我自己可以决定如何着手来做我的工作""我掌握了完成工作所需要的各项技能""我对发生在本部门的事情的影响很大"。

〔1〕 Franke, Franziska, Jörg Felfe, and Alexander Pundt, "The Impact of Health-oriented Leadership on Follower Health: Development and Test of a New Instrument Measuring Health‐promoting Leadership", *German Journal of Human Resource Management*, 28. 1-2 (2014), pp. 139-161.

〔2〕 Spreitzer, Gretchen M., "Psychological Empowerment in the Workplace: Dimensions, Measurement, and Validation", *Academy of Management Journal*, 38. 5 (1995), pp. 1442-1465.

〔3〕 李超平等：《授权的测量及其与员工工作态度的关系》，载《心理学报》2006 年第 1 期，第 99~106 页。

3. 组织创新氛围

由刘云和石金涛（2009）年编制，包含同事支持、主管支持、组织支持三个维度，每个维度四个题目。[1]代表性题目有"当我有新创意时，我的同事们积极发表建议和意见""我的主管鼓励下属提案以改善生产和服务""公司赏识和认可有创新和进取精神的员工"。

4. 工作不安全感

由 Hellgren 等人（1999）编制，分为工作数量不安全感和工作质量不安全感两个维度，共有 7 个题目。[2]代表性题目："在接下来的一段时间里，我有失去目前工作的风险""我未来的职业值得看好"。

5. 员工创新行为

由 Scott 等（1994）编制，属于单一维度量表，代表性题目有"她/他总是在工作中寻求应用新的流程、技术与方法""她/他经常提出有创意的点子和想法"。[3]

6. 控制变量

参考相关学者的研究，员工的创新行为除受工作特性和工作环境的影响，还受到个人特性的影响。本研究在研究健康型领导对员工创新行为的影响控制了员工的性别、年龄、受教育

---

〔1〕 刘云、石金涛：《创新气氛的概念形成、测量与影响因素》，载《科学学与科学技术管理》2009 年第 12 期，第 70~75 页。

〔2〕 Hellgren, Johnny, Magnus Sverke, and Kerstin Isaksson, "A Two-dimensional Approach to Job Insecurity: Consequences for Employee Attitudes and Well-being", *European Journal of Work and Organizational Psychology*, 8. 2 (1999), pp. 179-195.

〔3〕 Scott, Susanne G. , and Reginald A. Bruce, "Determinants of Innovative Behavior: A Path Model of Individual Innovation in the Workplace", *Academy of Management Journal*, 37. 3 (1994), pp. 580-607.

程度、工作年限、收入五个特征状况。

（三）信效度分析

在正式调查之前，本研究进行了小样本预测试以检验量表的信效度。使用 Mplus8.0 对健康型领导、心理授权、组织创新氛围、工作不安全感和员工创新行为五个主要变量的量表进行了信、效度检验，结果见表 5-2。结果显示，各变量测量题项的因子载荷量均大于 0.6，CR（Composite Reliability）值大于 0.7，AVE（Average of Variance Extracted）值大于 0.5，各变量的克朗巴哈系数（Cα）均大于 0.9；各变量之间的区别效度也是在可接受的范围内。上述这些结果表明本研究所使用的量表具有良好的信效度。

表 5-2　各变量量表信、效度分析

变量	因子负荷量	组成信度（CR）	收敛效度（AVE）	区别效度				
				1	2	3	4	5
1. 健康型领导	0.632~0.890	0.801	0.572	0.595				
2. 心理授权	0.818~0.870	0.907	0.708	0.109	1.081			
3. 组织创新氛围	0.823~0.890	0.908	0.766	0.053	0.024	1.048		
4 工作不安全感	0.839~0.876	0.792	0.656	−0.026	0.019	−0.199	0.751	
5. 员工创新行为	0.859~0.868	0.947	0.747	0.174	0.730	0.018	0.073	1.311

四、实证结果与分析

(一) 描述性分析

表5-3展示了人口统计学特征变量、健康型领导、心理授权、组织创新氛围、工作不安全感和员工创新行为的均值、标准差及相关系数。结果表明,健康型领导、心理授权、组织创新氛围、工作不安全感和员工创新行为的均值均介于3.0~3.5之间;心理授权与员工创新行为之间存在正相关关系($r=0.557$)。

表5-3　各变量均值、标准差与相关分析

变量	均值	标准差	1	2	3	4	5	6	7	8	9	10
						Level 1: 员工层面						
1 性别	1.437	0.497	1									
2 年龄	1.863	0.863	0.230**	1								
3 受教育程度	1.742	0.731	0.076	-0.056	1							
4 工作年限	2.421	0.942	0.115*	0.230**	-0.097	1						
5 收入	2.341	1.071	0.055	0.135**	0.057	0.091	1					
6 心理授权	3.218	1.071	-0.105*	0.017	-0.060	-0.028	-0.036**	1				
7 工作不安全感	3.328	1.090	0.081	-0.002	-0.072	-0.048	-0.214**	0.018	1			
8 员工创新行为	3.352	1.194	0.108*	-0.033	0.010	0.029	0.015	0.557**	0.062	1		
						Level 2: 领导层面						
9 健康型领导	3.142	0.879									1	
10 组织创新氛围	3.292	1.071									0.078	1

(注:* $p<0.05$,** $p<0.01$,*** $p<0.001$)

（二）比较分析

本研究在问卷调查过程中分别收集了主管自评与员工自评的健康型领导情况，图 5-2 展示了主管与员工在健康型领导的三个子维度上的平均值与标准差情况。由图 5-2 可得，主管自评的健康型领导得分在三个子维度上均显著高于来自员工的评价。具体而言，在健康认识维度，领导的自我评价得分为 3.65，员工对其的平均得分仅为 3.16；在健康价值维度，领导的自我评价得分为 3.67，员工对其的平均得分仅为 3.17；在健康行为维度，领导的自我评价为 3.58，员工对其的平均得分仅为 3.13。

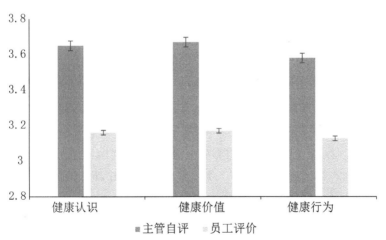

图 5-2　健康型领导多源评价差异分析

（三）聚合分析

为了检验研究假设，本研究对各变量进行聚合性检验，检验变量是否会因为组间的不同而存在差异。经检验，健康型领

导和组织创新氛围的 ICC（1）值分别为 0.234、0.596，ICC
（2）值分别为 0.796、0.941，rwg 值分别为 0.891、0.920，结
果表明健康型领导与组织创新氛围均呈现较强的内部一致性，
本研究的数据适合做多层次分析。

（四）验证性因子分析

为了检验同源方差的影响，本研究对主要变量进行验证性
因子分析，以确定是否存在严重的同源方差问题。结果显示，
五因子模型的拟合指标符合相关要求，并显著优于其他因子模
型（$\chi^2/\mathrm{df}=1.236$、CFI = 0.976、TLI = 0.975、RMSEA = 0.025），
表明本研究同源方差的影响是很有限的。

（五）假设检验

本研究采用层次回归分析方法检验主效应、中介效应和调
节效应，采用 Mplus 8.0 构建多层线性模型。跨水平中介效应
检验的步骤主要参考 Mathieu 和 Taylor（2007）的方法。步骤
1 检验员工创新行为的零模型，以确保员工创新行为存在组间
差异。步骤 2 检查主效应。步骤 3 检验健康型领导（层次 2）
对心理授权（层次 1）的影响。步骤 4 将健康型领导（层次
2）和心理授权（层次 1）纳入方程，检验其对员工创新行为
的影响（层次 1）。

1. 零模型

本研究使用方差分析（ANOVA）检验因变量员工创新行
为的组间和组内方差，以保证跨层次建模的必要性。从表 5-4
的统计结果来看，员工创新行为的组内方差为 1.321，组间方
差为 0.101，组间方差占总方差的 7.1%。

2. 主效应检验

为了验证假设 1，本研究在控制性别、年龄、受教育程度、工作年限和收入的基础上，发现健康型领导对员工创新行为有显著的正向影响（模型 2：$\gamma = 0.478$，$p < 0.05$），假设 H1 得到验证。

3. 心理授权的跨层次中介效应检验

为了检验心理授权的跨层次中介效应，本研究采用多层线性模型方法，结果见表 5-4。首先，由表 5-4 可得，健康型领导与员工创新行为具有显著的正向预测效果（模型 2：$\gamma = 0.478$，$p < 0.05$）。其次，健康型领导对员工心理授权具有显著的正向影响（模型 1：$\gamma = 0.627$，$p < 0.01$）。再次，员工心理授权对员工创新行为有显著的正向影响（模型 3：$\gamma = 0.671$，$p < 0.001$）。上述条件满足 Mathieu 和 Taylor 所提出验证跨层次中介条件的三个假设。最后，将健康型领导与员工心理授权同时放入模型中，数据显示：健康型领导对员工创新行为影响系数由 0.478（模型 2：$\gamma = 0.478$，$p < 0.05$）显著降为 0.394（模型 4：$\gamma = 0.394$，$p < 0.05$）。由此可知，员工心理授权在健康型领导正向作用于员工创新行为的过程起中介作用，假设 H2 得到了支持。

表 5-4　跨层次分析

变量	心理授权	员工创新行为				
	模型 1	模型 2	模型 3	模型 4	模型 5	模型 6
层次 1						
性别	0.197 (0.113)	0.225 (0.126)	0.095 (0.101)	0.105 (0.101)	0.091 (0.101)	0.104 (0.094)

变量	心理授权		员工创新行为			
	模型 1	模型 2	模型 3	模型 4	模型 5	模型 6
年龄	0.005 (0.084)	0.004 (0.091)	−0.006 (0.069)	−0.009 (0.069)	−0.006 (0.069)	0.007 (0.058)
受教育程度	0.035 (0.082)	−0.006 (0.072)	−0.052 (0.064)	−0.059 (0.062)	−0.056 (0.061)	−0.037 (0.052)
工作年限	−0.061 (0.056)	0.007 (0.071)	0.035 (0.061)	0.033 (0.062)	0.020 (0.062)	−0.005 (0.050)
收入	−0.063 (0.055)	−0.012 (0.072)	0.018 (0.057)	0.013 (0.056)	0.019 (0.055)	0.025 (0.037)
心理授权			0.671*** (0.108)	0.668*** (0.107)		
工作不安全感						0.004 (0.041)
层次 2						
健康型领导	0.627** (0.213)	0.478* (0.239)		0.394* (0.233)	0.584*** (0.135)	0.576*** (0.163)
组织创新氛围					0.053 (0.071)	
组织创新氛围×健康型领导					0.573* (0.263)	

变量	心理授权	员工创新行为				
	模型 1	模型 2	模型 3	模型 4	模型 5	模型 6
工作不安全感×健康型领导						-0.603^{***} (0.057)

注：*p<0.05，**p<0.01，***p<0.001

4. 组织创新氛围的调节效应

为检验组织创新氛围在健康型领导与员工创新行为之间的调节效应，将组织创新氛围、健康型领导及二者的交互项同时纳入回归方程。结果显示，健康型领导对员工创新行为有显著正向影响（模型 5：$\gamma=0.584$，p<0.001）；健康型领导与组织创新氛围的交互项对员工创新行为有显著的正向影响（模型 5：$\gamma=0.573$，p<0.05），表明组织创新氛围正向调节健康型领导与员工创新行为之间的关系，假设 H3 得到了验证。即组织创新氛围越浓厚，健康型领导对员工创新行为的积极影响也将越大。为进一步揭示组织创新行为在健康型领导与员工创新行为之间的调节效应，本研究绘制了调节效应图（如图 5-3 所示）。从图中可以看出不同组织创新氛围水平下健康型领导对员工创新行为影响的差异。当组织创新氛围越高时，健康型领导对员工创新行为的正向影响会被增强；而当组织创新氛围较低时，健康型领导对员工创新行为的正向影响会被减弱，假设 H3 得到了进一步验证。

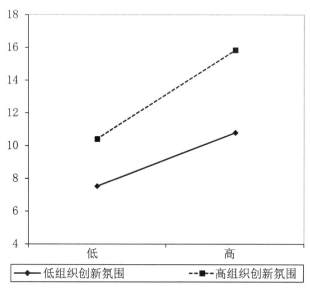

图5-3　组织创新氛围调节效应图

5. 工作不安全感的调节效应

为检验工作不安全感在健康型领导与员工创新行为之间的调节效应，将健康型领导、工作不安全感及二者的交互项同时纳入回归方程。结果显示，健康型领导对员工创新行为有显著正向影响（模型6：$\gamma = 0.576$，$p < 0.001$）；健康型领导与工作不安全感的交互项对员工创新行为有显著的负向影响（模型6：$\gamma = -0.603$，$p < 0.001$），表明工作不安全感负向调节健康型领导与员工创新行为之间的关系，假设H4得到了验证。为进一步揭示工作不安全感在健康型领导与员工创新行为之间的调节效应，本研究绘制了调节效应图（如图5-4所示）。从图中可以看出不同工作不安全感水平下健康型领导对员工创新行为影响的差异。当员工工作不安全感越高时，健康型领导对员工创

新行为的正向影响会被减弱；在低工作不安全感感知下，健康型领导对员工创新行为会强于在高工作不安全感条件下的影响。

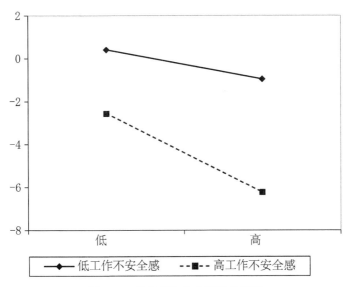

图 5-4　工作不安全感调节效应图

五、研究结论与启示

（一）研究结果讨论

本研究实证验证了健康型领导对员工创新行为有显著的正向影响，这一结果与其他关注积极领导（如变革型领导、服务型领导、真实型领导、伦理型领导）对员工创新行为影响的研究结果一致。其中的内在机制可以用社会学习理论和工作要求–资源模型解释。在组织中，员工将有效、积极的领导视为自己学习的榜样。健康型领导会重视自身的健康、拥有健康的生活方式、实行工作场所健康管理，员工察觉到这些积极的理念和行为也会不自觉地学习领导，进行积极的自我健康管理。同样的，组织中的健康管理行为实际上是一种健康资源的保障，健康资源帮助员工保持身心健康、养精蓄锐，从而增加了创新行为的可能性。心理授权作为员工创新行为的一个重要前因变量，在本研究中，心理授权在健康型领导和员工创新行为之间起到了中介作用，同时也验证了健康型领导能够增加员工心理授权的感知。健康导向型领导通过自身的健康意识、价值观和行为对员工进行健康关怀，感知到领导健康关怀的员工增强了自我价值感知，同时提升了员工的心理授权程度。员工通过心理授权增强了自我内在动机和工作自主性，因此员工更有可能突破现有工作标准，产生创新想法或者创新行为。

本研究也验证了个体感知因素和组织因素在健康型领导正向作用于员工创新行为过程中的边界效应。与以往研究不同，本研究主要验证了新冠肺炎背景下工作不安全感对员工创新行为的抑制作用。在组织中，工作不安全感感知程度越高的个体，对工作环境、就业形势、职业发展等感知到的不确定性也就越大，即使组织提供了较为完善的工作场所健康管理行为，员工也不会贸然选择有挑战、有风险的创新行为。而愈加浓厚的组织创新氛围增强了健康型领导对员工创新行为的促进作用。也就是说企业打造的创新"硬"环境和"软"环境同样重要，因为创新环境是员工创新行为的一个助推力。

（二）理论意义

本研究探讨了健康型领导与员工创新行为的跨层次关系，重点关注了心理授权在其中的中介效应和组织创新氛围和工作不安全感的调节效应，主要理论贡献体现在以下几个方面：

第一，已有研究验证了变革型领导、公仆型领导、真实型领导、双元领导、平台型领导等积极领导力对员工创新行为有促进作用。本研究验证了健康型领导"是否"以及"如何"作用于员工创新行为，一方面完善了健康型领导理论研究，另一方面丰富了有关员工创新行为影响因素的研究。健康型领导的提出源于管理者对员工工作场所健康的关注，已有研究验证了健康型领导有助于提升员工的身心健康，进而帮助员工有充足的精力积极工作。本研究验证了健康型领导对员工角色外行为的重要影响，对健康型领导有效性的范围进行了进一步扩展。

第二，本研究同时将个体因素和组织因素纳入理论模型中，考虑了两者交互作用下所引发的新反应，厘清了健康型领导对员工创新行为的作用机制。工作不安全感被学者视为一种阻碍性压力源或者挑战性压力源，本研究是在全球新冠疫情蔓延期间开展相关调研的，本研究验证了该背景下工作不安全感作为一种阻碍性压力源负向影响了员工创新行为，实证检验了工作不安全感在健康型领导与员工创新行为之间的负向调节作用。而另一方面，面对日益复杂、激烈的商业竞争，不少企业着力培育组织的创新氛围、激发组织成员的活力。本研究实证检验了这一举措确实能够正向调节健康型领导与员工创新行为之间的关系。也就是说，浓厚的组织创新氛围能够作为一种加速器，创新氛围越浓厚，健康型领导对员工创新行为的正向影响将越明显。

（三）实践启示

习总书记巧用"力，形之所以奋也"凸显了创新在国家发展中的重要性，于企业而言创新亦是保障其发展壮大的主要推动力。本研究发现，首先，健康型领导能够促进员工创新行为。具体而言，健康型领导通过向员工传递健康理念，帮助员工形成健康管理的认识和树立健康价值观，辅之工作场所健康管理行为给予员工充足的资源保障，最终激发员工创新行为。因此，企业想要培养或者提升下属的创新行为，领导自我塑造健康型领导风格并积极实行工作场所健康管理行为不失为一个好办法。

其次，虽然在本研究中主管自评的健康型领导与员工评价的健康型领导均对员工创新行为有显著的正向影响，但是主管自评的健康型领导在各维度得分要显著高于员工的评价。这在实践中警示领导者要主动、公开与员工讨论健康方面的问题，要与员工达成工作场所健康管理共识。

再次，本研究也发现健康型领导可以通过增加员工的心理授权感进而提升员工创新行为。增加员工的心理授权感实际上是一种内在激励，心理授权感感知高的个体体会到的工作意义感、自主性、自我效能、工作影响也很高。因此，企业也可以从着手提升员工心理授权这条路径出发提升下属创新行为。尤其是自我赋能时代背景下，增加心理授权感侧面提升员工自我价值感知，从而自主地产生积极行为。早在 1990 年 Thomas 和 Velthouse 两位学者提出了个体心理授权形成机制模型，该模型指出改善心理授权的两个途径：一是改善组织环境；二是改变认知方式。[1]

---

[1] Thomas, Kenneth W., and Betty A. Velthouse, "Cognitive Elements of Empowerment: An 'interpretive' Model of Intrinsic Task Motivation", *Academy of Management Review*, 15.4 (1990), pp. 666-681.

最后，本研究发现组织创新氛围是激发员工创新行为的积极边界条件，而工作不安全感是一个消极条件。在实践中，要营造良好创新环境，积极建立激发员工竞相成长各展其能的激励机制，形成企业源源不断的创新局面。在营造组织创新氛围的同时，也要减少员工对工作不安全感的感知。一方面可以通过打造企业员工坚实的健康防线，另一方面也要尽力保障核心员工的就业，打消其就业危机的不稳定心理。

（四）研究局限与展望

虽然本研究从多源角度进行了跨层次分析理解健康型领导对员工创新行为的影响，但仍然存在一些不足。其一，各变量数据收集虽在不同时间点进行，但是时间跨度并没有足够长，该研究获得的相关数据仍然是横截面的，因此难以了解各变量之间的动态演化关系和因果关系。尤其是对员工创新行为的衡量，需要进行较长时间的追踪调查才能更加有效衡量。未来研究可以进行纵向研究，为健康型领导与员工创新行为之间的因果关系提供一个更加强有力的证据。其二，本研究所涉及的团队规模不均、团队数量有限，并且未对团队所属行业、所在组织性质等特征进行比较分析。不同行业的创新形式、创新周期等均存在较大差异，未来研究可以充分考虑外部因素作用下健康型领导对员工创新行为影响的差异。其三，本研究进行调查的主要研究方法为问卷调查法，想要全面了解企业健康管理状况和存在的问题，未来研究应该结合访谈法、现场观察法等深入了解健康型领导情况，从而为组织健康管理实践提供更有效的建议。其四，本研究是在后疫情时代下的中国情境中开展的，中国取得的抗疫成就是有目共睹的，社会各个层面对健康的关注程度也较疫情前有了很大提高。本研究在全球普适性需要进一步检验。其五，本研究仅揭示了心理授权这一内在动机视角在健康型领导与员工创新行为之间的关系，未来研究可以从员工情绪、态度等多方面探究健康型领导对员工创新行为的影响。

第六章
健康型领导对组织韧性的
影响效应研究

一、引言

日益复杂、多变的商业环境对企业的生存和发展提出了新的挑战。组织面对的"黑天鹅"事件和"灰犀牛"事件也在日益增多。即使面对这些不确定事件，不乏一些组织能够很好地适应环境，转危为安、实现可持续发展，而有些组织却在危机面前不堪一击。因此，如何保证组织从危机中脱险，甚至实现逆势增长，是一个值得探究的问题。

经验和理论都表明韧性是现代组织应对危机、风险的一项基本组织能力，是企业取得成功的重要特征之一，在组织内建立韧性对于理解和应对危机至关重要。[1]韧性起源于拉丁语"Resilere"，意为"反弹/弹回"意思。韧性的概念来源于Holling（1973）首次将其引入生态环境领域，最初指生态系统在受到破坏之后恢复到原来平衡状态的能力。[2]随着经济环境的快速

---

[1] Britt, Thomas W. , et al. , "How Much do we Really Know About Employee Resilience?", *Industrial and Organizational Psychology*, 9. 2（2016）, pp. 378-404.

[2] Holling, Crawford S. , "Resilience and Stability of Ecological Systems", *Annual Review of Ecology and Systematics*, 4. 1（1973）, pp. 1-23.

变化和竞争加剧，韧性概念被引入管理领域，并衍生出组织韧性的概念。在能力观视角下，组织韧性是组织为应对和适应不确定环境下的多种动态能力。它不仅仅是从危机中恢复的能力，还包括预防重大危机或其他挫折的"战略"能力。[1]构建组织韧性是帮助组织应对危机的重要方式。

为了发展组织韧性，创建一种开放沟通、合作倾向、相互信任的氛围是至关重要的，[2]而管理者对这种氛围的促进作用是明显的。如今，员工工作不仅仅是为了谋生，也是为了获得快乐和存在的意义。工作给员工提供了很多有意义的东西，如经济基础、心理支持和人际交往。然而，工作场所中的很多问题对员工的健康是有害的，如日益紧迫的任务、长时间工作。员工健康对组织的可持续发展非常重要，学者们一直对如何促进员工健康感兴趣。[3]在这种情形下，健康型领导应运而生。健康型领导是一种关注员工健康的领导策略，也是一套独特的可以影响员工健康的领导行为。[4]健康型领导作为一种新兴的积极领导力，是否会增强组织应对危机的能力？是否会对组织韧性产生积极影响？探索健康型领导与组织韧性之间

〔1〕 Vlikangas, L. , and G. Hamel, "The Quest for Resilience", *Harvard Business Review*, 81. 9 (2003), pp. 52–63.

〔2〕 Lengnick-Hall, Cynthia A. , Tammy E. Beck, and Mark L. Lengnick-Hall, "Developing a Capacity for Organizational Resilience Through Strategic Human Resource Management", *Human Resource Management Review*, 21. 3 (2011), pp. 243–255.

〔3〕 Montano, Diego, et al. , "Leadership, Followers' Mental Health and Job Performance in Organizations: A Comprehensive Meta-analysis from an Occupational Health Perspective", *Journal of Organizational Behavior*, 38. 3 (2017), pp. 327–350.

〔4〕 Gurt, Jochen, Christian Schwennen, and Gabriele Elke, "Health – specific Leadership: Is there an Association Between Leader Consideration for the Health of Employees and their Strain and Well-being?", *Work & Stress*, 25. 2 (2011), pp. 108–127.

的关系具有非常重要的理论和实践意义。

企业想要实现可持续发展，必须不断地学习、整合、配置组织内外部资源，调整他们适应突发事件，[1]也就是说企业必须具备高水平的动态能力。动态能力理论经常被用来解释组织如何整合内、外部资源从而适应环境变化，增强竞争优势，强调企业对外部市场的主动适应性。在动态能力理论下，组织韧性作为一种特殊的动态能力在组织积极应对环境变化过程中起关键作用，动态能力强调外部环境不稳定性对企业整合和重构资源的影响。领导者在企业生产经营中扮演着感知外部信息、构建信任关系和统筹调配资源安排任务的重要角色，领导者个人特征所产生的感知能力在一定程度上是影响企业动态能力的关键。[2]

经济衰退、市场环境持续变化，组织和员工不得不在充满挑战的环境中努力工作。在这种环境中，建立组织韧性至关重要。[3]本研究从个人和团队两个层面出发，开展健康型领导对组织韧性的实证研究。在个人层面上，健康型领导通过建立民主、支持性和促进健康的工作场所促进员工工作繁荣，繁荣的员工学习和活力特质被激活，主动承担参与到组织变革中，进而促进组织韧性。社会认知理论表明，个体、行为和环境之

〔1〕　Galvin, Peter, John Rice, and Tung-Shan Liao, "Applying a Darwinian Model to the Dynamic Capabilities View: Insights and Issues", *Journal of Management & Organization*, 20. 2 (2014), pp. 250-263.

〔2〕　Teece, David J. , "Explicating Dynamic Capabilities: the Nature and Microfoundations of (Sustainable) Enterprise Performance", *Strategic Management Journal*, 28. 13 (2007), pp. 1319-1350.

〔3〕　Lengnick-Hall, Cynthia A. , and Tammy E. Beck, "Adaptive fit Versus Robust Transformation: How Organizations Respond to Environmental Change", *Journal of Management*, 31. 5 (2005), pp. 738-757.

间构成相互作用的复杂系统。其中，个体层面的因素包括个体的认知、观念和生理反应能力等身心机能。[1]据此，社会认知理论提出"刺激—认知—反应"模型，即环境刺激会促进个体调整内在认知，进而转化成个体相应的外部行为。领导者作为组织的"代理人"，是员工在组织情景中接收到的重要刺激之一，领导者在一定程度上代表了组织的价值观和规范。因此，员工将领导者关注其健康的行为视为组织关怀其身体状况，感受到关怀的员工会对组织产生更多的信任感，进而影响个体对所处情景的理解，满足心理层面的需求，最终塑造员工的主动变革行为。

在团队层面上，健康型领导通过关注员工身心健康，促进团队成员的心理安全。在安全的团队氛围下，员工公开表达自己的想法，为团队绩效积极地做贡献，从而有利于团队效能提高，进而促进组织应对危机的能力，实现可持续发展。根据社会信息加工理论，领导者作为团队工作情境中的重要信息来源，会对团队传递信息和观点，进而通过认知与情绪反应引起团队态度、行为变化。[2][3]领导者作为组织和团队的代言人，在引起下属产生相似行为方面非常有效。抛开权力的影响，健康型领导不仅试图为员工承担与健康有关的责任，还旨

〔1〕 Bandura, Albert, "Social Foundations of Thought and Action", *Englewood cliffs*, *NJ* 1986. 23-28 (1986).

〔2〕 Peng, Jian, Zhen Wang, and Xiao Chen, "Does Self-serving Leadership Hinder Team Creativity? A Moderated Dual-path Model", *Journal of Business Ethics*, 159 (2019), pp. 419-433.

〔3〕 Yang, Fu, Xiaoyu Huang, and Lusi Wu, "Experiencing Meaningfulness Climate in Teams: How Spiritual Leadership Enhances Team Effectiveness when Facing Uncertain Tasks", *Human Resource Management*, 58. 2 (2019), pp. 155-168.

在创造促进健康的工作场所文化和价值观，[1]从而影响整个团队的心理安全感。在心理安全高的团队中，成员可以更加舒适地表达他们独特的想法，并将想法整合到团队解决方案中，从而有利于团队绩效。而高效的团队合作已被证实为高绩效组织的核心特征之一。[2]

综上所述，本研究基于动态能力理论、社会认知理论和社会信息加工理论，引入个体层面的工作繁荣和主动变革行为，团队层面的团队心理安全和团队效能作为中介变量，构建健康型领导对组织韧性的双链式中介模型，即"健康型领导→工作繁荣→主动变革行为→组织韧性"和"健康型领导→团队心理安全→团队效能→组织韧性"。本研究的主要贡献在于：其一，尽管有文章提出，积极领导力是提升组织韧性的重要前因变量之一，但尚未有研究检验健康型领导对组织韧性的影响。本研究实证检验了健康型领导对组织可持续发展的重要作用，扩展了对不同形式的领导力如何促进组织韧性的理解。其二，通过关注工作繁荣和主动变革行为的中介机制，从员工个体表现解释组织韧性，将如何建立组织韧性具象化，便于在组织内开展实践活动。其三，通过关注团队心理安全和团队效能的中介作用，认识到团队工作对组织可持续发展的重要作用。第四，通过检验健康型领导对组织韧性的影响，扩展了动态能

〔1〕　Eriksson, Andrea, Runo Axelsson, and Susanna Bihari Axelsson, "Health promoting Leadership-Different Views of the Concept", *Work*, 40. 1 (2011), pp. 75-84.

〔2〕　Sheng, Chieh-Wen, Yi-Fang Tian, and Ming-Chia Chen, "Relationships Among Teamwork Behavior, Trust, Perceived Team Support, and Team Commitment", *Social Behavior and Personality：An International Journal*, 38. 10 (2010), pp. 1297-1305.

力理论的适用范围。以往文章关注的是组织整合资源的能力是组织经久不衰的焦点来源，但并未将组织如何整合资源具象化，领导者作为联系组织和员工的桥梁，是保持组织运转的中流砥柱。本研究探讨了领导者对组织建立动态能力的重要作用。

二、理论基础与研究假设

（一）动态能力理论

动态能力理论否定持续竞争优势的存在，认为竞争优势的持续只有在动态层面才能实现。"动态"指更新能力以达到与不断变化的商业环境相适应的能力。"能力"强调战略管理在适应、整合和重新配置内外部资源以适应变化的环境的能力。因此，动态能力是指组织整合、重新配置、增加和释放资源以适应和创造市场变化的过程。

动态能力理论能够解释领导者在组织获取资源并保持韧性中的作用。研究发现，领导者提供了一个快速、简便的决策过程，[1]领导者的人力资本、网络资本和认知过程等对组织的决策和认知过程具有重要影响。[2]自从 Dierickx 和 Cool（1989）提出有些资源无法从组织外部获取后，组织内资源的积累受到了学者们的重视。[3]领导者影响组织内部资源积累，一方面，

〔1〕 Davis, Jason P., Kathleen M. Eisenhardt, and Christopher B. Bingham, "Optimal Structure, Market Dynamism, and the Strategy of Simple Rules", *Administrative Science Quarterly*, 54.3（2009）, pp.413-452.

〔2〕 Barney, Jay B., "Strategic Factor Markets: Expectations, Luck, and Business Strategy", *Management Science*, 32.10（1986）, pp.1231-1241.

〔3〕 Dierickx, Ingemar, and Karel Cool, "Asset Stock Accumulation and Sustainability of Competitive Advantage", *Management Science*, 35.12（1989）, pp.1504-1511.

领导者通过整合现有资源创造新资源，作为组织内的决策者，领导者通过影响组织对已有资源的选择、对所选资源的结合、及对转换过程中冲突的协调从而实现影响组织内部资源的积累，[1]而且这种方式获得的新资源往往需要长时间的磨合，具有因果模糊性和资产内部关联性等难以被竞争对手模仿的特征。[2]另一方面，领导者和员工的关系影响组织内资源的积累。组织内员工拥有特定的个人和社会资源，但员工未必将这些资源全部贡献给组织。[3]因此，如果领导者和员工关系融洽且和谐，员工将最大限度地贡献个人资源，独特且难以被模仿的资源是组织增强韧性，实现可持续发展的前提条件。

（二）社会认知理论

社会认知理论指出，个体活动是由情景因素、个体因素以及行为因素三者相互影响、相互依赖及相互决定的。[4]其中情景因素指个体所处的客观情境条件，个体因素包括个体认知、动机和价值观等，行为因素是指个体行为的具体表现。社会认知理论中的"刺激—认知—反应"模型明确指出，个体所接受到的情景刺激会通过作用于个体认知进而对个体行为产

〔1〕　Zahra, Shaker A., Harry J. Sapienza, and Per Davidsson, "Entrepreneurship and Dynamic Capabilities: A Review, Model and Research Agenda", *Journal of Management Studies*, 43. 4 (2006), pp. 917–955.

〔2〕　Maritan, Catherine A., and Margaret A. Peteraf, "Invited Editorial: Building a Bridge Between Resource Acquisition and Resource Accumulation", *Journal of Management*, 37. 5 (2011), pp. 1374–1389.

〔3〕　Hillman, Amy J., and Thomas Dalziel, "Boards of Directors and Firm Performance: Integrating Agency and Resource Dependence Perspectives", *Academy of Management Review*, 28. 3 (2003), pp. 383–396.

〔4〕　Bandura, Albert, "Social Foundations of Thought and Action", *Englewood Cliffs, NJ* 1986. 23–28 (1986).

生影响。在组织内部，员工与领导存在频繁且密切的互动，并且由于领导者与员工之间地位和权力的不对称，领导者行为认知会对员工的认知、态度以及行为产生重要的影响。[1]

根据社会认知理论的"刺激—认知—反应"模型，个体所接收到的情境刺激会通过作用于个体认知进而对个体行为产生影响。由此，健康型领导作为一种情景因素刺激，能够塑造良好的领导-员工关系，有助于提升员工的工作旺盛感，而个体的认知感受会影响其行为反应。具体而言，员工会根据领导者的行为去解读和判断在工作中什么行为是正确的、组织接受并认可的，健康型领导给员工传递出被关心和支持的积极信号，领导者作为组织的代理人，很大程度上代表了组织的价值观和规范，所以员工认为组织也关注他们身心健康。感受到组织关心和支持的员工认为理应回报组织，由此产生工作繁荣感。工作繁荣感高的员工具备较强的学习能力和精神状态，更加积极的发挥其主观能动性，从而在工作中采取较多的主动变革行为。另外，组织韧性嵌入在个人层面的知识、技能和能力中，[2]开发员工潜力是增强组织韧性的主要因素。因此，组织实现可持续发展需要繁荣的劳动力队伍，健康型领导作为员工个人发展的支持者促进员工繁荣。而且健康型领导营造健康的组织氛围，员工减少了畏惧发言、害怕犯错的心理压力，敢于挑战常规与惯例，进而促进组织韧性。

---

[1] Wang, Hai-Jiang, Evangelia Demerouti, and Pascale Le Blanc, "Transformational Leadership, Adaptability, and Job Crafting: The Moderating Role of Organizational Identification", *Journal of Vocational Behavior*, 100 (2017), pp. 185-195.

[2] Lengnick-Hall, Cynthia A., and Tammy E. Beck, "Resilience Capacity and Strategic Agility: Prerequisites for Thriving in a Dynamic Environment", *Resilience Engineering Perspectives*, Volume 2. CRC Press, 2016, pp. 61-92.

（三）社会信息加工理论

社会信息加工理论（Social Information Processing Theory，简称"SIP 理论"）认为个体并不是在组织内的真空环境中运作，而是在一个复杂的社会系统中运作。[1]人们的周围充斥着大量的社会信息，通过对这些信息进行加工与解读，形成对周围环境的感知，从而塑造其态度和行为。[2]但由于每天接触到的社会信息很多，人们优先选择那些值得关注的、可信的社会信息进行解读。在组织内，领导具有较高的社会地位和影响力，并且很大程度上决定着下属的升职加薪，所以下属通常将领导者视为重要的信息来源，通过解读领导者传递的信息调整其态度和行为。

以往的社会信息加工理论大多用来解释社会信息对个体态度和行为的影响。近些年，学者开始使用社会信息加工理论解释团队层面的现象和结果。这是因为，团队成员往往面临着相同或者相似的外部环境，所接触到的信息具有同质性。而且，团队成员之间经常进行频繁的沟通，彼此间的观点、对信息的理解较为一致，从而产生相似的认知和情绪变化，进而影响团队层面的结果。将社会信息加工理论运用到本研究中，健康型领导通过发展促进健康的工作场所、开展促进健康的活动向员工传递团队领导关注他们健康的信号，接受到这种信号的员工

---

〔1〕 Salancik, Gerald R. , and Jeffrey Pfeffer, "A Social Information Processing Approach to Job Attitudes and Task Design", *Administrative Science Quarterly*, (1978), pp. 224-253.

〔2〕 Zalesny, Mary D. , and J. Kevin Ford, "Extending the Social Information Processing Perspective: New Links to Attitudes, Behaviors, and Perceptions", *Organizational Behavior and Human Decision Processes*, 47. 2 (1990), pp. 205-246.

感受到来自领导层的关系和支持，进而产生团队安全感。在健康、安全的组织氛围下，员工建言与提出新想法是被鼓励的，团队成员可以自由交流新的想法，[1]当这些想法被用于解决团队问题时，团队效率提高了。高效的工作团队增强组织应对危机的能力，有助于实现可持续发展。

（四）健康型领导和组织韧性

组织提高韧性的有效途径之一是整合现有资源并开发新资源。Barney（1986）将影响企业可持续竞争优势的资源定义为从战略要素市场上获取的交易性资源，[2]而 Dierickx 和 Cool（1989）认为组织内存在非交易性资源，这种资源的获取一般需要长时间的内部积累。[3]如果资源是有价值的、稀缺的、不可替代性和难以模仿性的，则这些资源是企业产生可持续竞争优势的来源。[4]领导者对组织内非交易性资源的积累具有重要作用。领导者能够促使员工最大限度地为组织贡献自己的资源。一方面，领导者通过建立组织制度间接影响贡献资源。资源共享机制的建立能够促进个人（员工）层面的资源转移到整体（组织）层面，而领导者是组织制度的关键构建者，

---

〔1〕 Bradley, Bret H. , et al. , "Reaping the Benefits of Task Conflict in Teams: the Critical Role of Team Psychological Safety Climate", *Journal of Applied Psychology*, 97. 1 (2012), p. 151.

〔2〕 Barney, Jay B. , "Strategic Factor Markets: Expectations, Luck, and Business Strategy", *Management Science*, 32. 10 (1986), pp. 1231–1241.

〔3〕 Dierickx, Ingemar, and Karel Cool, "Asset Stock Accumulation and Sustainability of Competitive Advantage", *Management Science*, 35. 12 (1989), pp. 1504 – 1511.

〔4〕 Barney, Jay, "Firm Resources and Sustained Competitive Advantage", *Journal of Management*, 17. 1 (1991), pp. 99–120.

激励员工为组织贡献更多资源。另一方面，领导者与员工的关系直接影响到员工对组织的贡献程度。

特质观视角下的健康型领导指领导者基于自身的健康价值观，培养促进员工身心健康的意识，进而实施支持下属健康发展的相关举措以改善员工和组织的健康状况，最终实现员工与组织健康可持续发展。本研究假设健康型领导能够促进组织韧性。其一，组织韧性源于个人层面的知识、技能、能力和其他属性的不同组合，这需要领导者将不同知识结构的员工整合在一起。健康型领导可以在组织中有效协调员工间的关系，消除组织成员间的冲突，增强组织凝聚力，从而提高组织应对风险的能力。[1]其二，组织韧性反映了组织在危机中存活的能力，而领导力在应对组织危机时至关重要。健康型领导支持参与、协商和互动的特征有助于构建积极的领导者-追随者关系。此外，当面对组织的高度不确定时，员工的身心健康均可能受到损伤，健康型领导（组织健康促进活动，拥有支持性领导风格和发展健康促进工作场所）有助于缓冲危机带来的负面效应。其三，健康型领导通过培养员工认知能力和行为能力建立组织韧性。健康型领导能够促进员工的工作资源，获得丰富工作资源的员工将更加全身心投入到工作中。认知能力的提高有利于员工对未来保持不断思考和警觉，这有助于组织有效地适应内外部复杂的环境。[2]在这种情况下，员工在工作中树立警

---

〔1〕　Schraeder, Mike, and David J. Hoover, "Enhancing Organizational Recovery in Tough Times: A Pragmatic Perspective", *Development and Learning in Organizations: an International Journal*, 24. 2 (2010), pp. 11-13.

〔2〕　Weick, Karl E., and Kathleen M. Sutcliffe, *Managing the Unexpected: Resilient Performance in an Age of Uncertainty*, Vol. 8, John Wiley & Sons, 2011.

觉意识有益于形成一种思维组织惯性帮助组织应对风险。[1]而行为因素是将认知要素的想法转化为具体的实践行动。综上，提出以下假设：

H1：健康型领导与组织韧性正相关

（五）工作繁荣的中介作用

工作繁荣被视为"活力"和"学习"的共同体验，传达了一种自我发展的进步感和前进感。学习指个体获得并运用知识和技能的感觉。活力指个体在工作中充满能量、感到精力充沛。繁荣是活力和学习的结合，二者共同反映了个体在工作中的繁荣程度。

领导风格被视为诱发员工工作繁荣的关键因素。已有研究发现，变革型领导能够激发下属在工作中的积极情绪进而促进其工作繁荣。[2]授权型领导可以通过给予追随者决策自主权，促进员工工作繁荣。[3]公仆型领导同样也能够促进工作繁荣，它通过影响追随者的心理成长和发展促进繁荣。[4]本研究假

〔1〕 Lengnick-Hall, Cynthia A., and Tammy E. Beck, "Adaptive Fit Versus Robust Transformation: How Organizations Respond to Environmental Change", *Journal of Management*, 31. 5 (2005), pp. 738-757.

〔2〕 Niessen, Cornelia, et al., "Thriving when Exhausted: The Role of Perceived Transformational Leadership", *Journal of Vocational Behavior*, 103 (2017), pp. 41~51.

〔3〕 Li, Mingze, et al., "Linking Empowering Leadership and Change-oriented Organizational Citizenship Behavior: The Role of Thriving at Work and Autonomy Orientation", *Journal of Organizational Change Management*, 29. 5 (2016), pp. 732-750.

〔4〕 Walumbwa, Fred O., et al., "Inspired to Perform: A Multilevel Investigation of Antecedents and Consequences of Thriving at Work", *Journal of Organizational Behavior*, 39. 3 (2018), pp. 249-261.

设健康型领导也能够促进员工的工作繁荣。首先，健康型领导为追随者营造民主、支持的组织氛围。在高度支持的工作环境中，个体在与他人的互动过程中重新定义自己的技能并获得新知识，思考问题并找到新的解决方案，并且不断学习。此外，工作场所的支持也能增强工作繁荣的活力成分。在支持的组织环境中，员工能够进行高效地交流，同时也增强了个体的归属感和认同感。[1]其次，健康型领导通过激发积极情绪，鼓励员工持续学习、保持活力。积极情绪能够拓宽员工的注意力和思维，提高他们对新体验的开放性。最后，健康型领导作为一种有益于工作结果的积极资源能够促进工作繁荣。健康型领导是一种支持型的领导，能够在工作中搭建良好的沟通渠道，保证领导与其追随者高质量的互动关系。领导者-追随者之间的良好互动是保持员工学习的重要前提。同时，健康型领导注重构建促进健康的工作场所，这减少了员工工作时的情绪枯竭。总体而言，健康型领导者能够在促进工作繁荣方面发挥重要作用。

Spreitzer 等（2005）将"工作繁荣"和"韧性"区分开来。韧性强调在极端或逆境中恢复的能力，而繁荣则在有无逆境时都可能发生，侧重增加学习和活力的心理体验，以在工作中不断进步。[2]工作繁荣中的学习和活力协调作用，共同建立健康的工作组织和可持续的绩效。[3] Kleine 等（2019）使

---

〔1〕　Atwater, Leanne, and Abraham Carmeli, "Leader-member Exchange, Feelings of Energy, and Involvement in Creative Work", *The Leadership Quarterly*, 20. 3 (2009), pp. 264-275.

〔2〕　Spreitzer, Gretchen, et al. , "A Socially Embedded Model of Thriving at Work", *Organization Science*, 16. 5 (2005), pp. 537-549.

〔3〕　Spreitzer, Gretchen, and Christine Porath, "Creating Sustainable Performance", *Harvard Business Review*, 90. 1 (2012), pp. 92-99.

用元分析方法分析了工作繁荣的后果变量，包括健康（如职业倦怠、抑郁、疾病导致的缺勤）、工作态度（如工作满意度、组织承诺）和工作绩效（如任务绩效）。[1]在本研究中，工作繁荣中的学习和活力两个维度可以促进组织韧性。一方面，活力是积极情绪被激活后的表现，而积极情绪又是韧性的关键资产。另一方面，组织学习有助于将组织应对危机的经验转化为知识、惯例储存在组织中，提高组织应对未来挑战的能力。通过感知外部环境的威胁，组织成员激发学习动机，这反过来有益于识别外部环境并指定新的组织战略。

基于上述，本研究假设工作繁荣是健康型领导和组织韧性的中介机制。健康型领导通过建立民主、支持的组织氛围促进工作中的繁荣，反过来繁荣的劳动力队伍增强整个组织应对危机的能力。因此，提出假设：

H2：工作繁荣在健康型领导对组织韧性的影响中起中介作用，即健康型领导通过促进工作繁荣进而增强组织韧性。

（六）主动变革行为的中介作用

主动变革行为被定义为"员工在工作场所中为改善其工作方式自愿的、建设性的努力"。[2]作为一种重要的角色外行

---

〔1〕 Kleine, Anne-Kathrin, Cort W. Rudolph, and Hannes Zacher, "Thriving at Work: A Meta-analysis", *Journal of Organizational Behavior*, 40. 9-10 (2019), pp. 973-999.

〔2〕 Morrison, Elizabeth Wolfe, and Corey C. Phelps, "Taking Charge at Work: Extrarole Efforts to Initiate Workplace Change", *Academy of Management Journal*, 42. 4 (1999), pp. 403-419.

为，主动变革行为与其他角色外行为（如帮助行为、建言行为、组织公民行为等）最重要的区别是其自主性、变革导向性和挑战性。主动变革行为是员工自主发出，不是组织正式的要求，但能够提高组织的长期绩效。它在本质上是以变革为导向的，这意味着员工挑战现状，承担更大的责任。[1]已有研究主要从个人层面和情境因素探究主动变革行为的影响因素。个人层面包括自我效能感、责任感、心理授权、动机等因素，情境因素关注组织支持、领导支持、程序公平、团队氛围等。

就领导力方面的研究来看，授权型、真实型和包容性领导等能够促进员工的主动变革行为。作为新型领导力，健康型领导以包容、支持、民主的特征，通过发展促进健康的工作场所、建立支持性组织氛围[2]也能够促进员工变革行为。实施主动变革行为的员工面临失败的风险、承担着变革失败的责任，健康型领导能够缓解员工害怕风险、畏惧失败的心理压力。因为他们相信他们会得到上司的支持，进而产生更多的主动代理行为。[3]此外，健康型领导提供员工丰富的健康、心理和工作资源，获得资源的员工认为自己有责任表现出有益于组织的角色外行为，如主动变革行为回报组织。

主动变革行为对组织的可持续发展起着至关重要的作用。

〔1〕 McAllister, Daniel J., et al., "Disentangling Role Perceptions: how Perceived Role Breadth, Discretion, Instrumentality, and Efficacy Relate to Helping and Taking Charge", *Journal of Applied Psychology*, 92.5 (2007), p. 1200.

〔2〕 Eriksson, Andrea, Runo Axelsson, and Susanna Bihari Axelsson, "Health Promoting Leadership-Different Views of the Concept", *Work*, 40.1 (2011), pp. 75-84.

〔3〕 Kahn, William A., "Psychological Conditions of Personal Engagement and Disengagement at Work", *Academy of Management Journal*, 33.4 (1990), pp. 692-724.

一方面，组织的长远发展需要员工主动地承担起角色外行为帮助组织应对不确定的外部环境。创新领域的学者注意到由员工主动发起的变革对组织适应性具有潜在价值。[1]另一方面，积极主动的员工更可能参与组织转型。组织转型过程中经常遇到来自基层员工的阻碍，虽然基层员工个人力量不足以威胁整个组织转型，但他们经常通过集体行动（如罢工）来达到自己的目的。事实上，基层员工作为组织中权力最小的行动者，往往是变革过程中的主要阻碍者。[2]如果员工能够主动参与到变革的过程中，并承担起组织变革转型的责任，那么组织更有可能实现可持续发展。

如前所述，领导风格是组织可持续发展的一个重要背景因素。与其他角色外行为不同，主动变革行为与改革、创新联系在一起，这通常具有高度的挑战性和风险性，只有在员工发自内心的愿意承担变革责任时，变革效果才会理想。健康型领导是员工承担责任的后备力量，给予员工安全感，可消除员工参与变革的后顾之忧。因此，本研究认为，健康型领导对员工主动变革行为有促进作用，而主动变革行为又能够促进组织的可持续发展。因此，提出假设：

H3：主动变革行为在健康型领导对组织韧性的影响中起中介作用，健康型领导通过促进主动变革行为

〔1〕 Bunce, David, and Michael A. West, "Self Perceptions and Perceptions of Group Climate as Predictors of Individual Innovation at Work", *Applied Psychology*, 44.3 (1995), pp. 199-215.

〔2〕 Jing, Runtian, and E. Patrick McDermott, "Transformation of State-owned Enterprises in China: A Strategic Action Model, *Management and Organization Review*, 9.1 (2013), pp. 53-86.

进而增强组织韧性。

（七）工作繁荣和主动变革行为的链式中介作用

社会认知理论衍生出的"刺激—认知—反应"模型指出，个体接收到的环境刺激通过作用于个体认知进而影响个体行为。在组织内，领导者与员工进行频繁且密切的沟通，领导者对下属的行为态度产生重要影响。[1]健康型领导作为一种情景刺激因素，能够塑造一种良好的员工互动环境。因为健康型领导通过为员工提供促进健康的场所，支持员工自主工作，体现了领导者对员工的尊重与信任，感受到这种信任与支持的员工，激发出员工努力工作的繁荣感。研究发现，工作繁荣是员工发挥创造力的重要前提，[2]员工在工作中热情蓬勃、表现出积极进取的学习体验均是主动变革行为的重要前提。繁荣的员工在工作中不断学习获得推动变革的新技能、产生新思想。[3]通过学习员工不断积累经验，从而有更多的意愿开展主动变革行为，打破组织惯例，实现组织健康可持续发展。结合上述假设 H2 和 H3，提出假设：

H4：工作繁荣和主动变革行为在健康型领导对组

---

〔1〕　Wang, Hai-Jiang, Evangelia Demerouti, and Pascale Le Blanc, "Transformational Leadership, Adaptability, and Job Crafting: The Moderating Role of Organizational Identification", *Journal of Vocational Behavior*, 100 (2017), pp. 185-195.

〔2〕　Wallace, J. Craig, et al., "A Multilevel Model of Employee Innovation: Understanding the Effects of Regulatory Focus, Thriving, and Employee Involvement Climate", *Journal of Management*, 42.4 (2016), pp. 982-1004.

〔3〕　Kleine, Anne-Kathrin, Cort W. Rudolph, and Hannes Zacher, "Thriving at Work: A Meta-analysis", *Journal of Organizational Behavior*, 40.9-10 (2019), pp. 973-999.

织韧性的影响中起链式中介作用，即健康型领导通过工作繁荣促进员工主动变革行为进而正向影响组织韧性。

（八） 团队心理安全的中介作用

面临外部竞争加剧和不确定的内外部环境，越来越多地组织依赖团队参与竞争和生产。[1]团队被定义为"由三人及三人以上构成的社会系统，他们在任务中互相依赖，并对团队结果共同负责"，团队将拥有不同专业、技能和知识的人聚集在一起，以承担相对复杂的任务。[2]相互依赖性是团队工作的主要特点，但出于机会主义的影响，团队中易出现搭便车的嫌疑，而且团队中单个成员的绩效难以评估，团队公平难以得到保障。团队心理安全可以有效平衡这些弊端。团队心理安全被定义为"一个共同信念，即团队对于人际间的风险承担是安全的"。在心理安全高的团队中，团队成员不会因为不恰当的发言而尴尬或受到惩罚；[3]同时团队成员愿意贡献更多的想法，它甚至会促进而不是阻碍成员间的建设性分歧，进而导致团队冲突。但团队会在解决建设性冲突上花费更多的时间，而不是协调人际关系方面。

---

〔1〕 Gibson, Cristina B. , et al. , "Antecedents, Consequences, and Moderators of Time Perspective Heterogeneity for Knowledge Management in MNO Teams", *Journal of Organizational Behavior: the International Journal of Industrial, Occupational and Organizational Psychology and Behavior*, 28. 8 (2007), pp. 1005–1034.

〔2〕 Hoegl, Martin, and Hans Georg Gemuenden, "Teamwork Quality and the Success of Innovative Projects: A Theoretical Concept and Empirical Evidence", *Organization Science*, 12. 4 (2001), pp. 435–449.

〔3〕 Edmondson, Amy, "Psychological Safety and Learning Behavior in Work Teams", *Administrative Science Quarterly*, 44. 2 (1999), pp. 350–383.

除了影响员工个体表现之外，健康型领导还会对团队产生影响，如团队心理安全、团队绩效等。本研究猜测健康型领导将促进团队心理安全。一方面，健康型领导致力于创建一个促进健康的工作场所，这种健康不仅是身体健康，更重要的是心理健康。心理安全是一种健康的心理状态，表现为成员对自己在团队中发言是安全的信念。另一方面，健康型领导对错误持开放性的态度，容忍错误、鼓励发言。[1]员工在团队中总是避免犯错，因为犯错总是给其他成员带来麻烦或损害团体利益。健康型领导向成员们发出信号，鼓励员工进行建设性变革。当团队心理安全程度高时，团队成员敢于说出自己的想法，团队成员间能够自由地交换任务信息，相互交流、共同实现组织目标。组织韧性是组织应对危机的一种能力，这种能力可以从以往的经验总结学习得到。团队心理安全促进了员工从错误、损失或失败中学习的能力，[2]进而加强了组织韧性。另外心理安全程度高的团队，成员间信任程度高、团队凝聚力强、团队冲突减少，[3]这也有利于增强组织韧性、实现可持续发展。相比之下，在心理安全程度较低的团队中，成员不愿意承担风险。[4]此

---

〔1〕 Skarholt, Kari, et al., "Health Promoting Leadership Practices in Four Norwegian Industrie-s", *Health Promotion International*, 31. 4 (2016), pp. 936-945.

〔2〕 Carmeli, Abraham, and Jody Hoffer Gittell, "High-quality Relationships, Psychological Safety, and Learning from Failures in Work Organizations", *Journal of Organizational Behavior: the International Journal of Industrial, Occupational and Organizational Psychology and Behavior*, 30. 6 (2009), pp. 709-729.

〔3〕 Mitchell, Rebecca, Brendan Boyle, and Shauna Von Stieglitz, "Professional Commitment and Team Effectiveness: a Moderated Mediation Investigation of Cognitive Diversity and Task Conflict", *Journal of Business and Psychology*, 34 (2019), pp. 471-483.

〔4〕 Edmondson, Amy, "Psychological Safety and Learning Behavior in Work Teams", *Administrative Science Quarterly*, 44. 2 (1999), pp. 350~383.

外，较低的心理安全也会阻碍不同技能、专业知识成员间分享信息，使得整合团队信息的产出变得困难。[1]因此，较高的团队心理安全有利于团队整体产出，有助于提高组织应对危机的能力。

综上，健康型领导通过创建促进身心健康的工作场所、鼓励发言、容忍错误等增强团队成员的心理安全水平，这反过来又发展了组织应对危机的能力。因此，提出假设：

> H5：团队心理安全在健康型领导对组织韧性的影响中起中介作用，健康型领导通过增强团队心理安全进而促进组织韧性。

(九) 团队效能的中介作用

团队效能模型主要分为两种：第一种是单维模型，使用团队绩效表示团队效能，这种衡量方式容易操作。第二种是多维度模型，团队效能不仅取决于团队绩效，还包括其他几个变量，如团队满意度、团队生存能力、组织公民行为等。不同学者设计衡量团队效能的指标不同，Ross 等（2008）通过绩效、行为、态度、企业文化和团队成员风格五项评估团队效能。[2]Aubé 和 Rousseau（2011）使用团队绩效和团队生存

---

〔1〕 Shin, Shung J., and Jing Zhou, "When is Educational Specialization Hetero-geneity Related to Creativity in Research and Development Teams? Transformational Leader-ship as a Moderator", *Journal of Applied Psychology*, 92. 6 (2007), p. 1709.

〔2〕 Meredith Ross, T., Erick C. Jones, and Stephanie G. Adams, "Can Team Ef-fectiveness be Predicted?", *Team Performance Management: an International Journal*, 14. 5/6 (2008), pp. 248-268.

能力两项衡量团队效能，[1]这一方式得到了众多学者的支持。但无论是多维还是单维，团队绩效始终是衡量团队效能的核心。

过去的研究表明，领导力对团队有效运作起着决定性的作用。团队领导者可以为团队行动定下基调，促进或阻碍员工韧性的发展。Morgeson 等（2010）认为团队领导者通过满足成员的关键需求提高团队效能，并对组织整体绩效产生积极影响。[2]本研究认为健康型领导可以通过影响团队运作进而影响组织韧性。其一，健康型领导会影响组织危机管理效率。健康型领导通过增强团队凝聚力共同应对危机。凝聚力是团队成员对彼此的承诺，经常作为领导者—绩效关系的中介。[3]其二，组织韧性的强弱部分体现在组织绩效上，一般来说，高绩效企业拥有高效率的劳动力队伍。Winkler 等（2014）发现健康型领导为员工提供支持、积极反馈、和谐沟通等资源，进而提高工作满意度、减少倦怠。[4]其三，Morgeson 等（2010）指出，团队领导者拥有必要的资源帮助团队完成目标，鼓励团队

〔1〕　Aubé, Caroline, and Vincent Rousseau, "Interpersonal Aggression and Team Effectiveness: The Mediating Role of Team Goal Commitment", *Journal of Occupational and Organizational Psychology*, 84. 3（2011）, pp. 565-580.

〔2〕　Morgeson, Frederick P., D. Scott DeRue, and Elizabeth P. Karam, "Leadership in Teams: A Functional Approach to Understanding Leadership Structures and Processes", *Journal of Management*, 36. 1（2010）, pp. 5-39.

〔3〕　Bass, Bernard M., et al., "Predicting Unit Performance by Assessing Transformational and Transactional Leadership", *Journal of Applied Psychology*, 88. 2（2003）, p. 207.

〔4〕　Winkler, Eva, et al., "Leadership Behavior as a Health-promoting Resource for Workers in Low-skilled Jobs and the Moderating Role of Power Distance Orientation", *German Journal of Human Resource Management*, 28. 1-2（2014）, pp. 96-116.

自主行动，并在团队中营造支持的氛围。[1]支持性的环境被认为是团队效能的重要来源，在这种环境中团队可以公开地展开对话、自由地分享信息。如前所述，健康型领导的主要功能之一是营造支持性组织氛围。因此，我们假设：

> H6：团队效能在健康型领导对组织韧性的影响中起中介作用，健康型领导通过促进团队效能进而增强组织韧性。

(十) 团队心理安全和团队效能的链式中介作用

当团队成员对外界接收到的信息产生情绪反应后，团队成员之间会相互评价、解读彼此的情绪，造成成员间情绪的相互传染，最终使得整个团队的情绪趋于一致。所以，社会信息加工理论也能够用来解释团队行为。在组织内，团队领导者与下属间存在频繁的互动，由于双方地位和权力的不平等性，下属会对领导者传达的信息进行解读。健康型领导真正关心和尊重下属，通过构建促进健康的工作场所，改变员工高压的工作方式或增加员工的健康资源，使得员工精力得到恢复，缓解工作倦怠现象。[2]健康型领导也可以通过提供工作资源（如优化工作条件、优化工作流程）帮助员工从职场中或外部环境中的高挑战事件里恢复。也就是说健康型领导向团队成员发出了

---

[1] Morgeson, Frederick P., D. Scott DeRue, and Elizabeth P. Karam, "Leadership in Teams: A Functional Approach to Understanding Leadership Structures and Processes", *Journal of Management*, 36. 1 (2010), pp. 5-39.

[2] Jiménez, Paul, et al., "Enhancing Resources at the Workplace with Health-promoting Leade‐rship", *International Journal of Environmental Research and Public Health*, 14. 10 (2017), p. 1264.

关注和关怀的信号，增强了成员的心理安全感。研究发现，团队心理安全促进团队成员的创造力和任务绩效。[1]团队心理安全的特点是信任、尊重、互相关心、不会因为发声而受到责罚等。[2]所以，更高的心理安全通过创造鼓励发声的环境减弱了畏惧失败的心理压力，成员可以表达他们的观点，将创造的新想法实际运用到团队实践中。[3]此外，具有高心理安全的员工能够有更多的资源用于解决组织建设问题。[4]因此，团队心理安全为成员发声创建了一个安全的环境，从而促进了团队效能。再结合上述假设 H5 和 H6，提出假设：

H7：团队心理安全和团队效能在健康型领导对组织韧性的影响中起链式中介作用，即健康型领导通过建立安全的团队氛围促进团队效能进而正向影响组织韧性。

综上，建立健康型领导对组织韧性的理论模型如下：

---

[1] Edmondson, Amy C., and Zhike Lei, "Psychological Safety: The History, Renaissance, and Future of an Interpersonal Construct", *Annu. Rev. Organ. Psychol. Organ. Behav.*, 1.1 (2014), pp. 23-43.

[2] Edmondson, Amy, "Psychological Safety and Learning Behavior in Work Teams", *Administrative Science Quarterly*, 44.2 (1999), pp. 350-383.

[3] Gibson, Cristina B., and Jennifer L. Gibbs, "Unpacking the Concept of Virtuality: The Effects of Geographic Dispersion, Electronic Dependence, Dynamic Structure, and National Diversity on Team Innovation", *Administrative Science Quarterly*, 51.3 (2006), pp. 451-495.

[4] Bradley, Bret H., et al., "Reaping the Benefits of Task Conflict in Teams: the Critical Role of Team Psychological Safety Climate", *Journal of Applied Psychology*, 97.1 (2012), p. 151.

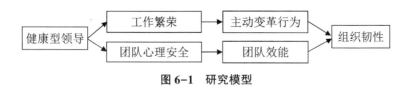

图 6-1   研究模型

三、研究方法

(一) 样本与数据收集

本研究采取问卷调查的方式收集相关数据，主要利用在线平台和电子邮件发送的形式进行问卷收集。调查对象为全职员工，涉及餐饮、交通运输、旅游业三大行业，相关企业主要来自北京、山东、河南等地。为尽可能避免共同方法偏差问题，在数据收集过程本研究采用变更题目顺序、反向计分等程序分时点进行问卷收集。本研究共分两个时点进行调查，T1 时间点调研被调查者人口统计学特征、健康型领导、工作繁荣和团队心理安全；T2（T1+1 天）时间点收集主动变革行为、团队效能和组织韧性三个方面。

最终共发放问卷 600 份，有效样本为 531 份，问卷有效回收率为 88.5%。其中，在性别方面，男性占 51.8%，女性占 48.2%；在年龄方面，25 岁及以下的占 19.0%、26～35 岁占 31.6%、36～45 岁占 25.4%、46 岁及以上占 23.9%；在受教育程度方面，15.4%的员工是专科及以下学历、53.5%是本科学历、31.1%是研究生学历；在工作年限方面，3 年以下占 14.7%，3～5 年占 20.9%，6～10 年占 27.5%，10 年以上占 36.9%；在团队规模方面，小于 10 人占 25.6%，10～15 人占 27.5%，16～20 人占 24.9%，超过 20 人占 22.0%；在团队任期方面，19.0% 的员工在团队工作中不足 1 年，1～2 年占 24.1%，2～3 年占 33.3%，超过 3 年占 23.5%。

（二）变量测量

本研究所使用的变量测量工具均来自现有成熟量表，经过检验具有良好的信效度。除了主动变革行为使用 Liket 7 点计分，其余变量均采用 Liket 5 点计分（1＝非常不同意，5＝非常同意）。同时，研究在实证分析前将 7 点计分数值转换为 5 点计分数值。

1. 健康型领导

采用 Franke 等（2014）编制的健康型领导，本研究使用了员工版问卷中自我关怀部分。[1] 该部分量表包含 30 个题项，如"当我的健康出现问题时，我的领导会及时察觉到""我的领导觉得有责任关心我的健康""我的领导鼓励我在空闲时间为健康多做努力"等。该量表的 Cronbach's α 为 0.983。

2. 工作繁荣

采用 Porath 等（2012）开发的 10 题项量表，量表包含学习和活力两个维度，各有 5 个题项，如"在工作中，我看到自己不断提高"和"在工作中，我充满能量和精力"。[2] 该量表的 Cronbach's α 为 0.957。

---

[1]　Franke, Franziska, Jörg Felfe, and Alexander Pundt, "The Impact of Health-oriented Leadership on Follower Health: Development and Test of a New Instrument Measuring Health-promoting Leadership", *German Journal of Human Resource Management*, 28.1-2 (2014), pp. 139-161.

[2]　Porath, Christine, et al., "Thriving at Work: Toward its Measurement, Construct Validation, and Theoretical Refinement", *Journal of Organizational Behavior*, 33.2 (2012), pp. 250-275.

3. 主动变革行为

使用 Morrison（1999）开发的 10 题项单维度量表测量主动变革行为，如 "该员工经常改变做事的方法以使工作更有效率" 和 "该员工经常提出建设性的建议来改善组织内部的运作"。[1]该量表的 Cronbach's α 为 0.969。

4. 团队心理安全

使用 Edmondson（1999）开发的 7 题项量表测量团队心理安全，如 "在这个团队中做冒险的事是安全的" 和 "与团队成员一起工作，我独特的技能和天赋得到重视与发挥"。[2]该量表的 Cronbach's α 为 0.952。

5. 团队效能

使用 Alper 等（2000）开发的 18 题项量表测量团队效能，如 "团队成员致力于打造高质量的工作" 和 "团队成员成功地实施工作计划以变得更富有生产力"。[3]该量表的 Cronbach's α 为 0.977。

6. 组织韧性

使用 Kantur 和 Iseri-Say（2015）开发的 9 题项量表测量组织韧性，如 "我的组织面对负面环境时能够提出备选方案并从中获益" 和 "我的组织中所有员工能够成功地作为一个

〔1〕 Morrison, Elizabeth Wolfe, and Corey C. Phelps, "Taking Charge at Work: Extrarole Efforts to Initiate Workplace Change", *Academy of Management Journal*, 42. 4 (1999), pp. 403-419.

〔2〕 Edmondson, Amy, "Psychological Safety and Learning Behavior in Work Teams", *Administrative Science Quarterly*, 44. 2 (1999), pp. 350-383.

〔3〕 Alper, Steve, Dean Tjosvold, and Kenneth S. Law, "Conflict Management, Efficacy, and Performance in Organizational Teams", *Personnel Psychology*, 53. 3 (2000), pp. 625-642.

整体行动"。[1]该量表的 Cronbach's α 为 0.962。

7. 控制变量

本研究选择将性别、受教育程度、工作年限、团队规模和团队任期作为本研究的控制变量。相关研究表明，团队规模会影响领导的有效性。[2]此外，团队任期与团队心理安全存在非线性关系，一般来说新组建的和较长任期的团队比中度任期团队拥有更高的团队心理安全。

（三）信效度分析

表6-1 展示了所有变量的因子载荷量、组成信度（CR）和平均方差抽取量（AVE）。结果显示，所有变量组成信度（CR）范围为 0.953~0.983，高于 0.7 的水平，[3]六因子模型的所有观察变量的因子载荷量均大于 0.5。AVE 得分范围为 0.655~0.757，高于 0.5 的最低值。此外，比较了构面自身和该构面与其他构面的相关系数，发现前者大于后者，这表明区别效度是可接受的（Fornell &Larcker，1981）。[4]

―――――――――

〔1〕 Kantur, Deniz, and Arzu Iseri Say, "Measuring Organizational Resilience: A Scale Develop-ment", *Journal of Business Economics and Finance*, 4.3 (2015), pp. 456-472.

〔2〕 Hoegl, Martin, "Smaller Teams - better Teamwork: How to Keep Project Teams Small", *Business Horizons*, 48.3 (2005), pp. 209-214.

〔3〕 Hair, Joe F., Christian M. Ringle, and Marko Sarstedt, "PLS-SEM: Indeed a Silver Bullet", *Journal of Marketing Theory and Practice*, 19.2 (2011), pp. 139~152.

〔4〕 Fornell, Claes, and David F. Larcker, "Evaluating Structural Equation Models with Unobservable Variables and Measurement Error", *Journal of Marketing Research*, 18.1 (1981), pp. 39-50.

表 6-1　信效度分析（N=531）

变量	因子负荷量	CR	AVE	区别效度					
				1	2	3	4	5	6
1. 健康型领导	0.738-0.876	0.983	0.655	0.691					
2. 工作繁荣	0.796-0.875	0.958	0.693	0.443	0.687				
3. 主动变革行为	0.857-0.901	0.969	0.757	0.355	0.396	0.581			
4. 团队心理安全	0.826-0.950	0.953	0.744	0.345	0.255	0.217	0.571		
5. 团队效能	0.674-0.881	0.977	0.707	0.289	0.238	0.194	0.353	0.479	
6. 组织韧性	0.845-0.899	0.963	0.742	0.391	0.367	0.412	0.299	0.254	0.539

（四）验证性因子分析

假设检验之前，使用 Mplus8.3 进行验证性因子分析（CFA），结果见表 6-2。CFA 的结果显示，相比于其他模型，六因素模型（健康型领导、工作繁荣、主动变革行为、团队心理安全、团队效能、组织韧性都单独作为一个因子）的拟合指标优于其他模型（$\chi^2/df = 2.427$，CFI = 0.903，TLI = 0.900，RMSEA = 0.052，SRMR = 0.040）。

表 6-2　验证性因子分析（N = 531）

模型	因子组合	χ^2	df	χ^2/df	CFI	TLI	RESEA	SRMR
六因素模型	A，B，C，D，E，F	8221.8	3387	2.427	0.903	0.900	0.052	0.040
五因素模型 A	A，B + C，D，E，F	11050.1	3392	3.258	0.846	0.842	0.065	0.063
五因素模型 B	A，B，C，D+E，F	10438.6	3392	3.077	0.859	0.855	0.063	0.059
四因素模型	A，B + C，D+E，F	13266.9	3396	3.907	0.802	0.797	0.074	0.077
三因素模型	A，B + C + D+E，F	19691.4	3399	5.793	0.673	0.665	0.095	0.147
二因素模型	A+B+C+D +E，F	25649.6	3401	7.542	0.554	0.543	0.111	0.131
单因素模型	A+B+C+D +E+F	28167.5	3402	8.280	0.503	0.491	0.117	0.132

注：A 代表健康型领导，B 代表工作繁荣，C 代表主动变革行为，D 代表团队心理安全，E 代表团队效能，F 代表组织韧性

四、实证结果与分析

（一）描述性统计分析

本研究使用 SPSS26.0 对样本数据进行 Person 相关分析。表 6-3 展现了均值、标准差及变量之间的相关系数。Cronbach's 系数在对角线上以粗体形式呈现。结果显示，健康型领导与组织韧性正相关（r = 0.621，p < 0.01）。健康型领导与个人层面的工作繁荣、主动承担行为正相关（r = 0.623，p < 0.01；r = 0.544，p < 0.01），而且工作繁荣、主动承担行为与组织韧性正相关（r = 0.577，p < 0.01；r = 0.714，p < 0.01）。同时，健

康型领导也与团队层面的团队心理安全、团队效能正相关（r＝0.540，p<0.01；r＝0.491，p<0.01），而团队心理安全、团队效能与组织韧性正相关（r＝0.515，p<0.01；r＝0.486，p<0.01）。此外，工作繁荣与主动承担行为正相关（r＝0.602，p<0.01），团队心理安全与团队效能正相关（r＝0.652，p<0.01）。所有变量之间的相关性小于0.85（Kline，2005）。所有变量的 Cronbach's 均大于0.9.

表6-3　均值、标准差和相关系数（N=531）

变量	平均值	标准差	1	2	3	4	5	6
1. 健康型领导	2.367	0.819	0.983					
2. 工作繁荣	2.819	0.862	0.623**	0.957				
3. 主动变革行为	3.277	0.803	0.544**	0.602**	0.969			
4. 团队心理安全	2.040	0.832	0.540**	0.391**	0.362**	0.952		
5. 团队效能	1.965	0.750	0.491**	0.395**	0.358**	0.652**	0.977	
6. 组织韧性	3.251	0.848	0.621**	0.577**	0.714**	0.515**	0.486**	0.962

注：对角线加粗为 Cronbach's 系数，* $p<0.05$，** $p<0.01$

（二）假设检验

本研究使用 Mplus8.3 依次检验主效应、独立中介效应和链式中介效应。选用的检验方法为 Bootstrap 抽样法，设置重复抽样次数为 5000, 置信区间为 95%。首先, 检验健康型领导对组织韧性的主效应。结果显示, 健康型领导对组织韧性的效应量为 0.519, 95% CI 为 [0.457, 0.580], 不包含 0。因此, 假设 H1 得到验证。

其次, 检验工作繁荣、主动变革行为、团队心理安全和团队效能在健康型领导与组织韧性间的独立中介效应。检验结果如表 6-4, 健康型领导通过工作繁荣对组织韧性的影响的效应量为 0.130, 95% CI 为 [0.085, 0.182]; 健康型领导通过主动变革行为对组织韧性影响的效应量为 0.189, 95% CI 为 [0.140, 0.245]; 健康型领导通过团队心理安全对组织韧性的影响的效应量为 0.108, 95% CI 为 [0.073, 0.148]; 健康型领导通过团队效能对组织韧性的影响的效应量为 0.097, 95% CI 为 [0.065, 0.134]。可见, 工作繁荣、主动变革行为、团队心理安全和团队效能在健康型领导与组织韧性之间的中介效应的置信区间均不包含 0, 假设 H2、H3、H5、H6 得到支持。

表 6-4　主效应和中介效应检验 (N=531)

作用路径	效应量	SE	95%CI 下限	95%CI 上限
HL→OR	0.519	0.032	0.457	0.580
HL→TAW→OR	0.130	0.025	0.085	0.182
HL→TCB→OR	0.189	0.027	0.140	0.245
HL→TPS→OR	0.108	0.019	0.073	0.148
HL→TE→OR	0.097	0.018	0.065	0.134

最后, 检验链式中介效应。健康型领导→组织韧性的主效

应依旧显著（效应量为 0.189，95% CI 为 ［0.107，0.269］）。在个人层面上，健康型领导→工作繁荣→主动变革行为→组织韧性的总效应量为 0.079，95% CI 为 ［0.057，0.105］，不包括 0，假设 H4 得到验证。此时，工作繁荣和主动变革行为的独立中介作用依旧显著，效应量分别为 0.040 和 0.093，95% CI 分别为 ［0.001，0.083］ 和 ［0.056，0.138］。在团队层面上，健康型领导→团队心理安全→团队效能→组织韧性的总效应量为 0.025，95% CI 为 ［0.005，0.047］，不包括 0，假设 H7 得到验证。此时，团队心理安全和团队效能的独立中介作用也显著，效应量分别为 0.075 和 0.018，95% CI 分别为 ［0.038，0.116］ 和 ［0.004，0.038］。

表6-5　链式中介效应（N=531）

作用路径	效应量	SE	95%CI 下限	95%CI 上限
HL→OR	0.189	0.041	0.107	0.269
HL→TAW→OR	0.040	0.021	0.001	0.083
HL→TCB→OR	0.093	0.021	0.056	0.138
HL→TAW→TCB→OR	0.079	0.012	0.057	0.105
TOTALIND 1	0.212	0.030	0.157	0.276
HL→TPS→OR	0.075	0.020	0.038	0.116
HL→TE→OR	0.018	0.008	0.004	0.038
HL→TPS→TE→OR	0.025	0.011	0.005	0.047
TOTALIND 2	0.118	0.020	0.081	0.158

五、研究结论与启示

(一) 研究结论

本研究构建了一个并列链式中介来研究健康型领导对组织韧性的影响。研究发现，健康型领导可以通过个人和团队两个层面影响组织韧性。一方面，组织应对风险的能力嵌入到个人的知识、能力和技能中。研究发现，健康型领导依次通过工作繁荣和主动变革行为促进组织韧性。根据社会认知理论提出的"刺激—认知—反应"模型，个体所接受到的情景刺激会通过作用于个体认知进而对个体行为产生影响。员工与领导在组织内进行频繁且密切的交流，而且由于双方权力和地位的不平等，领导者对塑造员工行为具有重要意义。具体来说，健康型领导激发了员工的积极情绪进而诱发了员工的工作繁荣，繁荣的员工通过学习获得改变现状的新知识、新技能，通过活力将学习到的知识、技能转化为实际行动，打破常规与惯例，主动承担变革责任，进而促进组织韧性。另一方面，团队是组织应对危机的有效工作模式，团队凝聚力高、气氛融洽，组织面临危机的适应能力越强，更容易实现组织的可持续发展。研究发现，健康型领导依次通过团队心理安全和团队效能影响组织韧性。由于团队成员接触信息的同质性和他们之间的相互影响，社会信息加工理论也可以用来解释团队行为。民主、支持、包容的健康型领导为团队成员营造了一个安全的组织氛围，在这种氛围下，员工不用担心说错话而受到惩罚，他们敢于说出自己的想法，并且成员间自由地交换任务信息，促进学习，并朝着团队目标努力，促进团队效能，进而增强了组织韧性。

（二）理论贡献

本研究有三个显著的理论贡献：

第一，本研究建立了领导力与组织韧性之间的联系，实证验证了健康型领导与组织韧性之间的关系及相关作用机制。[1]同时丰富了领导力与组织韧性之间的相关研究。在不确定时期，健康型领导（创建促进身心健康的工作场所、支持性领导风格、开展促进健康的活动）可以有效地整合组织成员，增强组织凝聚力，抵御风险。

第二，本研究不仅考察了在个体层面健康型领导对组织韧性的影响，还考虑了健康型领导在团队层面对组织韧性的作用机制，丰富了韧性研究的前因变量，而且结果显示这种跨级别的效应是存在的。一个组织的韧性取决于它的团队和员工，[2]组织中的个体和团队相互作用。一方面，繁荣、有活力的人才队伍有益于组织从危机中恢复。[3]此外，健康型领导提供的各种资源也有助于工作繁荣，促进员工主动承担起组织中的变革角色应对危机。另一方面，团队是组织应对危机的一种重要形式。领导力是影响管理团队效率的因素，团队领导者刺激或阻碍团队成员的发展。倡导身心健康的团队领导者给予团队成

〔1〕 Hillmann, Julia, "Disciplines of Organizational Resilience: Contributions, Critiques, and Future Research Avenues", *Review of Managerial Science*, 15. 4 (2021), pp. 879-936.

〔2〕 Carmeli, Abraham, Yair Friedman, and Asher Tishler, "Cultivating a Resilient Top Management Team: The Importance of Relational Connections and Strategic Decision Comprehensiveness", *Safety Science*, 51. 1 (2013), pp. 148-159.

〔3〕 Barasa, Edwine, Rahab Mbau, and Lucy Gilson, "What is Resilience and how can it be Nurtured? A Systematic Review of Empirical Literature on Organizational Resilience", *International Journal of Health Policy and Management*, 7. 6 (2018), p. 491.

员安全感，让他们敢于对组织运作提出建议。

第三，本研究扩展了组织韧性的实证研究。如今，组织和员工面对着越来越多的挑战，组织韧性对组织理解和应对危机至关重要。但学术界有关组织韧性的实证研究还比较少。实证研究的结果可以建立更一般的理论或模型帮助决策者增强组织能力来应对危机。

（三）管理启示

本研究的结论也为组织管理提供了一些见解。第一，组织应培养组织韧性以实现可持续发展。面对外部不稳定事件（政治动荡、金融危机、疾病、小范围战争），组织韧性是一种能够帮助组织从不利事件中恢复的能力。组织可以设置专门的风险监控小组分析组织的内外部环境，在危机发生前做好预判工作。此外，员工个体韧性是组织韧性的基础，员工韧性的培养也是应对危机的重要途经。实证还发现，员工的繁荣和主动变革行为也能够促进组织韧性。繁荣的员工通过学习获得新知识、新想法，依靠活力付诸实践。同时，增强组织韧性需要组织经常变革适应环境，员工主动承担起变革责任可以推动这一进程。

第二，利用团队合作方式增强组织韧性。实证结果显示，团队工作能有效帮助企业抵御危机，适应环境。具体来说，面临不确定性危机时，团队领导者能够快速地调动成员，共同对危机做出反应。团队成员在组织中感到安全的心理氛围是他们充分讨论的基础，也是产生新想法的重要前提。因此，团队工作是组织对环境做出快速反应的形式之一。

第三，本研究实证检验了健康型领导显著影响组织韧性，在实践中领导方式可以被视为是抵御外部危机的有效方式。因此，管理者应关注员工心理健康是有必要的。同时，领导者应在领导过程中应注重培养一直有活力的人才队伍以应对不断变化的环境。此外，组织变革有利于增强组织韧性，实现组织可持续发展，支持、包容的领导风格能够鼓舞员工参与到组织变革中。

（四）局限性和未来方向

本研究还存在以下不足之处。第一，本研究的数据属于横截面数据，因此不能推断变量间的因果关系。未来可采用纵向研究设计重新收集数据来更严格地验证假设，验证变量间的因果关系。第二，除员工主动变革行为外，其余变量由员工自评得到。未来研究可使用领导—员工配对实验，这样既可以消除领导者自我夸大的成分，也可以部分消除领导–员工关系的误差。第三，本研究虽然开发了一个并列链式中介模型，同时考虑了个人和团队层面的因素对组织韧性的影响，但没有考虑到调节因素。如组织认同、文化差异也可能促进或阻碍健康型领导对组织韧性的影响。未来研究可以关注组织认同、文化差异等调节变量。第四，个人和团队层面的因素中介因素可能存在交互作用，因为团队也是由个体组成的。如个人层面的工作繁荣可能会影响团队层面的绩效，团队层面的心理安全可能会促进个体层面的变革行为。未来研究可以探讨个人、团队、组织间的交互作用。

第七章
健康型领导对员工工作—
家庭增益的影响研究

一、引言

工作和家庭是个体生活的两个重要领域，如何平衡工作与家庭、满足工作与家庭需求成为了职场员工面临的重要挑战。在早期研究中，研究者大都从消极的视角看待工作与家庭的关系，认为工作与家庭角色的满足是非此即彼的关系。[1]由于个体的个人资源（如时间、精力）是有限的，其在一种角色上进行资源投入满足该种角色的需求时会减少其在另一种角色上的资源投入，进而不能满足另一种角色的需求，因此两种角色势必存在冲突。在此视角下，工作—家庭领域中两种角色是冲突的——"工作—家庭冲突"。[2]随着积极心理学的发展，研究者逐渐开始关注工作和家庭之间的积极关系，并开始证明工作和家庭角色是可以相互促进的。在积极视角下，工作与家

〔1〕 Amstad, Fabienne T. , et al. , "A Meta-analysis of Work-family Conflict and Various Outcomes with a Special Emphasis on Cross-domain Versus Matching-domain Relations", *Journal of Occupational Health Psychology*, 16. 2 (2011), p. 151.

〔2〕 Michel, Jesse S. , et al. , "Antecedents of Work-family Conflict: A Meta-analytic Review", *Journal of Organizational Behavior*, 32. 5 (2011), pp. 689-725.

庭角色可以发挥相互协同作用，即某一角色活动能为自身带来有意义的资源，从而促进在另一角色领域的表现——"工作—家庭增益"，[1][2]其中既包含工作对家庭的增益（Work to Family Enrichment，WFE），也包含家庭对工作的增益（Family to Work Enrichment，FWE）。

研究人员已经证实了部分积极的领导风格（如变革型领导和仁慈型领导）和工作—家庭增益之间的关系，其研究思路集中于积极的领导力通过影响员工的资源（工作、心理和社会资源）认知水平或者资源存储水平，进而促进工作—家庭平衡或实现工作—家庭增益。在实践中，特别是双职工家庭的员工，在工作和家庭领域还是面临很大的压力。不少企业设置弹性工作制、工作自主性等多种家庭友好政策试图帮助员工缓解工作—家庭冲突，但未能发挥出较好的效能。健康型领导（Healthy Leadership）作为一种新型的、积极的领导力，能够通过健康管理实践提升下属的健康意识和行为，实现员工与组织的健康可持续发展。健康型领导在保证员工健康状况的同时也会增强员工的心理、工作资源，如减少倦怠、抑郁、焦虑等负面情绪态度，[3][4]增加幸福感、工作满意度

〔1〕 Frone，Michael R.，"Work-family Balance"，In：J. C. Quick，& L. E. Tetrick（Eds），Handbook of Qccupational Health Bychology，American Psychological Association，Waskington DC，（2003），pp. 143-162.

〔2〕 Heskiau，Ravit，and Julie M. McCarthy，"A Work-family Enrichment Intervention：Transferring Resources Across Life Domains"，*Journal of Applied Psychology*，106. 10（2021），p. 1573.

〔3〕 Jiménez，Paul，Bianca Winkler，and Anita Bregenzer，"Developing Sustainable Workplaces with Leadership：Feedback About Organizational Working Conditions to Support Leaders in Health-promoting Behavior"，*Sustainability*，9. 11（2017），p. 1944.

〔4〕 Booth，Laurel C.，et al.，"Health-promoting Leadership During an Infectious

等。[1]但与其他积极领导力不同的是，健康型领导还可以为员工增加健康资源。员工感知到领导者的健康关怀，其会报告更好的健康状态和更少的烦躁，以及更少的抱怨和更少的工作—家庭冲突。[2]

　　为了更好地解释健康型领导对员工工作领域、家庭领域及两个领域之间的跨界影响，本研究依据丰富理论，即某一领域的经验、心理和物质资源、社会资源等溢出至另一领域从而促使个体在两个领域都表现良好。[3]本研究认为健康型领导为员工提供的健康管理知识、心理和工作资源不仅仅会作用在工作领域，还会溢出到工作以外的更广泛范围（如家庭领域）。本研究侧重于员工在工作与家庭之间跨角色的资源调动过程，通过搭建工作层面和家庭层面的双链式中介解释健康型领导如何增加员工资源、员工如何调动资源，进而实现"工作—家庭增益"。在工作层面，我们假设积极情绪和工作投入在健康型领导与员工"工作—家庭增益"之间有链式中介作用；在家庭层面，我们假设家庭需求满意度和积极家庭事件在健康型领导与

Disease Outbreak: a Cross-sectional Study of us Soldiers Deployed to Liberia", *The Journal of Nervous and Mental Disease*, 209. 5 (2021), pp. 362-369.

〔1〕　Vincent-Höper, Sylvie, and Maie Stein, "The Role of Leaders in Designing Employees' Work Characteristics: Validation of the Health-and Development-promoting Leadership Behavior Questionnaire", *Frontiers in Psychology*, 10 (2019), p. 1049.

〔2〕　Franke, Franziska, Jörg Felfe, and Alexander Pundt, "The Impact of Health-oriented Leadership on Follower Health: Development and Test of a New Instrument Measuring Health-promoting Leadership", *German Journal of Human Resource Management*, 28. 1-2 (2014), pp. 139-161.

〔3〕　Greenhaus, Jeffrey H., and Gary N. Powell, "When Work and Family are Allies: A Theory of Work-family Enrichment", *Academy of Management Review*, 31. 1 (2006), pp. 72-92.

"工作—家庭增益"之间有链式中介作用。同时，员工在工作中产生的积极情绪可以溢出到家庭领域，促进家庭角色表现；家庭需求的满足也会进一步激发员工在工作中的积极性，表现为高工作投入，促进其工作角色表现。健康型领导可以促使个体将工作（家庭）领域的经验、心理和物质资源、社会资源等溢出至家庭（工作）领域，从而促使个体在两个领域都表现良好。本研究一方面为实现员工工作—家庭增益提供理论和实践借鉴意义，另一方面有助于更多地了解组织内积极情感的可能来源。

二、理论基础与研究假设

（一）自我决定理论

自我决定理论作为一种动机理论能够解释个人能够实现最佳幸福感和绩效的条件——发挥个人潜力的需求。该理论认为，心理需求的满足会促进个人的内在动机，并培养他们的幸福感。[1]心理需求包括自主需求（即行使意志和体验控制感）、能力需求（即对环境的掌握和对结果的影响）和关系需求（即感觉与他人相连并有意义的互动）。家庭需求是个人需求的一部分，家庭需求的满足也将依赖于个体资源的增加。健康型领导能够为员工提供充足的健康、工作和心理资源，[2][3]

---

〔1〕 Deci, Edward L., and Richard M. Ryan, "The 'what' and 'why' of Goal Pursuits: Human Needs and the Self-determination of Behavior", *Psychological Inquiry*, 11.4 (2000), pp. 227-268.

〔2〕 Franke, Franziska, Jörg Felfe, and Alexander Pundt, "The Impact of Health-oriented Leadership on Follower Health: Development and Test of a New Instrument Measuring Health-promoting Leadership", *German Journal of Human Resource Management*, 28.1-2 (2014), pp. 139-161.

〔3〕 Jiménez, Paul, et al., "Enhancing Resources at the Workplace with Health-

这些资源能够满足个体的自主需求、关系需求，进而正向影响员工的基本心理需求。员工的基本心理需求满足会促进员工家庭需求的满足，如个体通过计划自己的非工作时间参与家庭活动、在与家人互动的过程中利用自己的经验完成某项活动、在互动过程与家人增进亲密关系。在获得家人的支持后，员工将会获得充足的能量进而又正向作用于工作领域。

（二）丰富理论

丰富理论认为，个体一个角色的经验资源的获取会提高另一个角色的绩效。[1]该理论指出增益效应的产生有两条路径：工具路径和情感路径。工具路径主要指增益效应的产生依靠经验、技能、价值观和心理资源等在角色间发生转移，进而提高各角色表现；情感路径一个角色中的资源积累增加了一个人的积极情感，这增强了个体的心理资本，[2]并增加了认知、任务和人际能力，这种积极情绪是可以在另一个角色中得到持久保持的。在本研究中，健康型领导促进员工"工作—家庭增益"既包含工具路径，也包含情感路径。首先，员工通过健康型领导获得的各类资源既能正向影响工作领域也能影响家庭领域，并且这类资源可以在工作角色与家庭角色之间进行转移；其次，员工感知到健康型领导的关怀会增加个体的积极情

---

promoting Leade‐rship", *International Journal of Environmental Research and Public Health*, 14. 10 (2017), p. 1264.

〔1〕 Greenhaus, Jeffrey H., and Gary N. Powell, "When Work and Family are Allies: A Theory of Work‐family Enrichment", *Academy of Management Review*, 31. 1 (2006), pp. 72‐92.

〔2〕 Rothbard, Nancy P., "Enriching or Depleting? The Dynamics of Engagement in Work and Family Roles", *Administrative Science Quarterly*, 46. 4 (2001), pp. 655‐684.

感，这类积极情感既可以正向影响工作，也可以扩展到家庭领域。

（三）健康型领导与积极情绪

积极情绪（Positive Affect）作为一种心理资源被定义为个体与环境互动过程中产生的愉悦体验或正向感觉状态，包含高兴、兴奋、备受鼓舞、感兴趣等多种积极情绪状态。[1]这些积极情绪会积累成为个人资源并持续作用于个体的生理状态和心理状态。[2]同时，积极情绪反映了个体生活的总体感受和情感态度，特别是在工作场所中积极情绪是诱发员工态度和行为的重要前提。[3]个体会因组织事件满足自己内在需要而产生高兴、备受鼓舞等积极的情绪感受。Fisher（2002）的研究表明，工作中的成就事件、工作目标的实现、得到积极反馈均会唤起员工的积极情绪反应。[4]

随着积极领导力的发展，学者们开始探讨领导力对员工积极情绪的诱发机制。已有研究证明了变革型领导、真实型领导可以增强员工的积极情绪，相关研究使用情绪传染理论来解释积极领导力与员工积极情绪之间的内在机制。情绪传染是指一个人或者一个群体能够通过自身的情绪状态或者态

〔1〕 Clark, Lee Anna, David Watson, and Jay Leeka, "Diurnal Variation in the Positive Affects", *Motivation and Emotion*, 13（1989）, pp. 205-234.

〔2〕 Wang, Zhen, Chaoping Li, and Xupei Li, "Resilience, Leadership and Work Engagement: The Mediating role of Positive Affect", *Social Indicators Research*, 132（2017）, pp. 699-708.

〔3〕 Bono, Joyce E., et al., "Workplace Wmotions: the Role of Supervision and Leadership", *Journal of Applied Psychology*, 92. 5（2007）, p. 1357.

〔4〕 Fisher, Cynthia D., "Antecedents and Consequences of Real-time Affective Reactions at Work", *Motivation and Emotion*, 26（2002）, pp. 3-30.

度行为影响其他人的情绪状态和态度行为。[1][2]基于此，积极的领导力可以通过有意或者无意来影响追随者在工作中的情绪体验。当领导表现出积极情绪时，与其接触的下属也更有可能产生积极情绪。一方面，领导的情绪状态是员工情绪体验的重要前提，如领导拥有消极的情绪会给整个组织带来负面的情感基调；另一方面，拥有积极情绪的领导自身也具有积极的特质（如乐观、自信等），这些积极特质有助于领导与下属之间形成和谐的上下级关系，同时也有助于激发员工的潜能。

　　健康型领导（Healthy Leadership）作为一种积极的领导力，其在保障自身健康水平的同时致力于为员工提供促进健康的资源。健康型领导可以通过社会支持、任务沟通、人文关怀、积极反馈等途径给员工提供充足的工作资源，进而提高员工的工作幸福感，降低员工的不满情绪、减少员工疲惫状态、削弱员工消极情绪。[3][4]健康型领导可以通过关心下属工作场所健康状况，并通过提供一系列的健康管理措施帮助员工适应、满足工作要求，最终使得员工健康快乐地工作，建立起丰

〔1〕　Schoenewolf, Gerald, "Emotional Contagion: Behavioral Induction in Individuals and Groups", *Modern Psychoanalysis*, 15. 1 (1990), pp. 49-61.

〔2〕　Elfenbein, Hillary Anger, "The many Faces of Emotional Contagion: An Affective Process Theory of Affective Linkage", *Organizational Psychology Review*, 4. 4 (2014), pp. 326-362.

〔3〕　Walumbwa, Fred O., et al., "An Investigation of the Relationships Among Leader and Follower Psychological Capital, Service Climate, and Job Performance", *Personnel Psychology*, 63. 4 (2010), pp. 937-963.

〔4〕　Turgut, Sarah, et al., "Antecedents of Health-promoting Leadership and Workload as Moderator", *Journal of Leadership & Organizational Studies*, 27. 2 (2020), pp. 203-214.

富的心理资源。综上所述，本研究提出以下假设：

H1：健康型领导正向影响员工的积极情绪。

（四）健康型领导与家庭需求满意度

个体的基本心理需求包括自主、胜任和关系三个维度。自主需求主要是指个体能够自由表达意志、决定其行为；关系需求是指个体期望与他人建立信任关系，从他人处得到尊重和关爱；胜任需求是指个体在与环境互动的过程中完成某项任务的胜任水平，并在这一任务中使自身能力得到提升。个体可以在工作、家庭等多个生活领域获得资源以满足自我的需求。[1]依据自我决定理论，个体基本心理需求的满足是促进个体幸福感的关键因素。

家庭需求满意度（Family Need Satisfaction）是个体需求满意度的一种。家庭需求的满足可以通过丰富家庭资源来得到满足；也可以通过其他领域资源（如工作资源）的溢出效应得到满足，即一个领域（如工作）的需求满足可以溢出到另一个领域（如家庭）。[2][3]首先，健康型领导能够给员工非工作时间的自由空间，在非工作时间不打扰员工。因此，员工在非

〔1〕　Hewett, Rebecca, et al. , "Compensating need Satisfaction Across Life Boundaries: A Daily Diary Study", *Journal of Occupational and Organizational Psychology*, 90. 2（2017）, pp. 270–279.

〔2〕　Wayne, Julie Holliday, "Reducing Conceptual Confusion: Clarifying the Positive Side of Work and Family", *Handbook of Families and Work: Interdisciplinary Perspectives*,（2009）, pp. 105–140.

〔3〕　Van den Broeck, Anja, et al. , "A Review of Self-determination Theory's Basic Psychological Needs at Work", *Journal of Management*, 42. 5（2016）, pp. 1195–1229.

工作时间实现工作脱离，并积极参与家庭活动丰富家庭资源。其次，健康型领导通过与下属的互动来制定促进工作场所健康的相关积极政策和制度，而这些政策和制度的执行使下属感受到领导的关注和关怀，从而对领导产生较强的依恋感以及组织认同感。健康型领导作为一种支持性资源，能够促进或保护个体健康的物质、条件或能量。健康型领导通过个性化人文关怀、任务沟通、组织支持、积极反馈等途径为员工提供了充足的健康、工作和心理资源。这些资源能够满足个体的自主需求，如其能够与领导沟通设定工作优先级等；在互动的过程中，个体感知到健康型领导对其的关注与关怀，有助于满足个体的关系需求；同时健康型领导向下属发出了关注和关怀的信号，员工感知到其与组织的关系超越了传统的雇佣与被雇佣的关系，员工更有内在动机将个人发展与组织未来联系起来，这将更容易激发个体实现自我的潜能。因此，健康型领导能够正向影响员工的基本心理需求。在工作场所，员工的基本心理需求得到满足会作用于非工作领域进而满足个体在其他领域的需求。如在家庭领域，个体通过计划自己的非工作时间参与家庭活动、在与家人互动的过程中个体利用自己的经验完成某项活动、在互动过程与家人增进亲密关系，这些分别满足了个体家庭需求中的自主性、胜任性、关联性。综上所述，健康型领导是影响员工家庭需求满足的领导层面的前因变量。本研究提出以下假设：

H2：健康型领导正向影响员工的家庭需求满意度。

（五）健康型领导与工作—家庭增益

工作-家庭增益（Work-Family Enrichment）被定义为个体

在一种角色中的经历改善另一种角色中的生活质量的程度，包括工作—家庭增益和家庭—工作增益两个方面。[1]其中，工作—家庭增益（WFE）是指个体工作角色对其家庭角色的积极影响；家庭—工作增益（FWE）是指个体的家庭角色对其工作角色的积极影响。员工在家庭领域（工作领域）的行为、情绪等会对其在工作领域（家庭领域）的行为、情绪有很大帮助，即一个角色对另一个角色有促进作用。已有研究从个体特征（如大五人格）和环境因素（如工作特征）探究了工作—家庭增益的前因变量。

　　健康型领导通过员工关怀能够帮助员工减少身心健康问题的风险，提高员工的幸福感。[2][3]追随者从健康型领导的关怀中减少工作压力、增强健康水平、感知到领导对其的关心与重视，进而从健康型领导得到了较为丰富的个人资源，包括健康、心理与工作。Frank 等（2014）的研究认为，健康型领导在一定程度上帮助员工缓解了工作需求带来的压力，使得员工有机会同时兼顾工作和家庭角色，减少工作—家庭冲突。[4]依

〔1〕　Greenhaus, Jeffrey H., and Gary N. Powell, "When Work and Family are Allies: A Theory of Work‐family Enrichment", *Academy of Management Review*, 31.1 (2006), pp. 72‐92.

〔2〕　Santa Maria, Andreas, et al., "The Impact of Health‐oriented Leadership on Police Officers' Physical Health, Burnout, Depression and Well‐being", *Policing: A Journal of Policy and Practice*, 13.2 (2019), pp. 186‐200.

〔3〕　Vincent‐Höper, Sylvie, and Maie Stein, "The Role of Leaders in Designing Employees' Work Characteristics: Validation of the Health‐and Development‐promoting Leadership Behavior Questionnaire", *Frontiers in Psychology*, 10 (2019), p. 1049.

〔4〕　Franke, Franziska, Jörg Felfe, and Alexander Pundt, "The Impact of Health‐oriented Leadership on Follower Health: Development and Test of a New Instrument Measuring Health‐promoting Leadership", *German Journal of Human Resource Management*, 28.1‐2 (2014), pp. 139‐161.

据丰富理论，当员工的工作角色被更好地执行进而促进家庭角色的履行时，个体认为工作对家庭产生了增益效应。[1]随着健康型领导为员工提供的个人资源的积累，员工能够兼顾家庭与工作，花费更多时间、更有效地参与家庭事务，最终更加从容地享受家庭生活。家庭角色的不断履行会使得员工得到家人的支持，也会使得个人积极情绪得以延续，进而个体获得的丰富家庭资源将反过来正向作用于工作领域。[2]综上所述，本研究提出以下假设：

H3：健康型领导促进员工的工作-家庭增益。

（六）积极情绪的中介作用

工作投入（Work Engagement）被视为一种与工作相关的积极、充实、充满情感激励的精神状态，包括活力、奉献、专注三个维度。[3]其中，"活力"指个体在工作中的高能量水平和韧性水平。高活力的员工在工作中精力充沛，且具有较高的积极性。当面对工作中的困难或者挑战时也能坚持不懈攻克难关。"奉献"指个体在心理上对工作拥有自豪感、意义感，即

〔1〕 Carlson, Dawn S., et al., "Measuring the Positive Side of the Work-family Interface: Development and Validation of a Work-family Enrichment Scale", *Journal of Vocational Behavior*, 68. 1（2006），pp. 131-164.

〔2〕 Van Steenbergen, Elianne F., Esther S. Kluwer, and Benjamin R. Karney, "Work-family Enrichment, Work-family Conflict, and Marital Satisfaction: A Dyadic A-nalysis", *Journal of Occupational Health Psychology*, 19. 2（2014），p. 182.

〔3〕 Schaufeli, Wilmar B., and Arnold B. Bakker, "Job Demands, job Resources, and their Relationship with Burnout and Engagement: A Multi-sample Study", *Journal of Organizational Behavior: the International Journal of Industrial, Occupational and Organizational Psychology and Behavior*, 25. 3（2004），pp. 293-315.

个体能够主动将工作与个人需求联系起来，并对工作表现出强烈的认同感。"专注"指个体在工作时能够集中精力，完全沉浸于工作中。[1]当个体全神贯注于某项工作任务时会产生一种愉快的"心流"体验。[2]在此基础上，相关学者证明了工作投入作为一种积极健康的工作态度对个人和组织均能产生有益影响。

相关研究证明了工作资源和个人资源均与工作投入之间存在正向关系。工作资源（如组织支持、绩效反馈、学习成长机会等）能够促进个体的工作投入；个体资源（如积极的自我评价、韧性等）能够对个体的工作投入有正向促进作用。[3][4]领导力的相关研究表明，积极的领导力可以直接影响个体的工作投入，也可以通过增加工作资源间接增加个体的工作投入。在本研究中，健康型领导可以直接促进个体的工作投入，也可以通过增加工作资源和个体资源提升个体的工作投入水平。具体而言，一是健康型领导可以通过改变员工高压快节奏的工作方式（如设定工作任务优先级、增强工作任务沟通）来增加

〔1〕 Schaufeli, Wilmar B., et al., "The Measurement of Engagement and Burnout: A two Sample Confirmatory Factor Analytic Approach", *Journal of Happiness Studies*, 3 (2002), pp. 71-92.

〔2〕 Eisenberger, Robert, et al., "Flow Experiences at Work: For High need Achievers Alone?", *Journal of Organizational Behavior: The International Journal of Industrial, Occupational and Organizational Psychology and Behavior*, 26. 7 (2005), pp. 755-775.

〔3〕 Van Wingerden, Jessica, Daantje Derks, and Arnold B. Bakker, "The Impact of Personal Resources and Job Crafting Interventions on Work Engagement and Performance", *Human Resource Management*, 56. 1 (2017), pp. 51-67.

〔4〕 Bouckenooghe, Dave, et al., "A Curvilinear Relationship Between Work Engagement and Job Performance: the Roles of Feedback-seeking Behavior and Personal Resources", *Journal of Business and Psychology*, 37. 2 (2022), pp. 353-368.

员工的工作资源；[1]二是健康型领导能够为员工提供促进健康的资源，这些资源可以被划分为两类，一类是外部资源，一类是内部资源。具体而言，外部资源指健康的工作环境、组织支持的环境等；内部资源包含健康知识、工作场所内外的健康活动等。健康型领导在提升员工工作资源、健康资源和心理资源的过程中能够诱发或增强员工的积极情绪体验。依据积极情绪扩展理论，积极情绪能够扩展个体的认知能力进而使得个人资源增加。[2]具有高水平积极情绪的员工能够激发个人的内在工作动机，其在工作中能够展现热情、增加精力投入。因而，具有高积极情绪的个体更倾向于参与工作，主动识别工作机会并能够全身心投入到工作中。综上所述，本研究提出以下假设：

　　H4a：积极情绪在健康型领导正向作用于个体工作投入的过程中起中介作用。

　　家庭领域和工作领域对于个体来说都是重要的生活领域。依据工作—家庭资源模型，一个领域资源（如身体、情感和认知资源）的增加可能会改善另一个领域。健康型领导作为一种激发组织内成员积极情绪体验的重要来源能够增加个体在工作中的积极情绪。依据积极情绪-扩展理论，个体在工作中

---

〔1〕　Winkler, Eva, et al, "Leadership Behavior as a Health-promoting Resource for Workers in Low-skilled Jobs and the Moderating Role of Power Distance Orientation", *German Journal of Human Resource Management*, 28. 1-2 (2014), pp. 96-116.

〔2〕　Fredrickson, Barbara L., and Thomas Joiner, "Positive Emotions Trigger Upward Spirals Toward Emotional Well-being", *Psychological Science*, 13. 2 (2002), pp. 172-175.

体验到的积极情绪可能延续传递到家庭领域。个体在工作中获得积极情绪体验，为了能够保持或者延长这种愉悦感，个体倾向于与关系亲近的他人进行分享。家庭领域对于个体而言是能够为其提供心理安全的领域，因此个体更倾向于与家庭成员分享情感信息。[1]同时，高积极情绪的个体在工作结束后有意愿参与家庭活动，如和家人深入交流、与家人一起进行愉快、有建设性意义的活动等。[2]一方面，个体通过积极参与家庭活动与家人建立积极的联系，满足其他家庭成员对其的角色要求；另一方面，个体与家人进行愉快和建设性的家庭活动能够使得自身的积极情绪体验得以延续。因此，本研究假设由健康型领导增强的员工积极情绪可以跨领域转移增加员工发起或参与积极家庭事件。综上所述，本研究提出以下假设：

> H4b：积极情绪在健康型领导正向作用于积极家庭事件的过程中起中介作用。
>
> H4c：积极情绪在健康型领导正向作用于工作—家庭增益的过程中起中介作用。

（七）家庭需求满意度的中介作用

一个角色的经验可以在另一个角色中产生积极的经验和结

---

〔1〕 Ilies, Remus, Jessica Keeney, and Brent A. Scott, "Work-family Interpersonal Capitalization: Sharing Positive Work Events at Home", *Organizational Behavior and Human Decision Processes*, 114. 2 (2011), pp. 115-126.

〔2〕 Lin, Szu-Han Joanna, et al., "Positive Family Events Facilitate Effective Leader Behaviors at Work: A Within-individual Investigation of Family-work Enrichment", *Journal of Applied Psychology*, 106. 9 (2021), p. 1412.

果。[1]在本研究中，个体家庭需求的满足是源于健康型领导帮助其同时丰富家庭资源和工作资源的溢出效应产生。依据丰富理论，当个体的家庭需求得到满足时，个体获得的丰富的家庭资源也会产生积极的溢出效应。本研究假设，个体家庭需求满意度将会对工作和家庭两个领域均产生正向增益。具体而言：在工作领域，当员工的家庭需求得到满足时个体的内在动机将会被激发，个体能够充分发挥他们的潜力，并能够寻求更大的挑战。当员工的内在动机水平较高时，员工不需要通过自我调节去"推动"工作。此时，员工不会对工作感到厌恶，相反的是员工将更有可能在工作中集中精力、投入更大的努力，并坚持不懈面对工作中的困难。[2]因此，本研究假设健康型领导能够通过满足员工的家庭需求进而正向作用于工作领域，即展现积极的工作态度（工作投入）。

在家庭领域，当个体的家庭需求得到满足后，个体将更愿意持续进行积极的家庭事件。与家人（特别是孩子）进行积极的互动，一方面能够延长个人积极情绪感知，另一方面能够增强个体的自我价值感。与家中重要的其他人共同参与积极的家庭事件能够增加个体作为好父母、好配偶的价值，并可能增强他人欣赏和重视自己的感觉。[3]因此，本研究假设健康型

〔1〕　Sieber, Sam D. , "Toward a Theory of Role Accumulation", *American Sociological Review*, (1974), pp. 567–578.

〔2〕　Menges, Jochen I. , et al. , "When Job Performance is all Relative: How Family Motivation Energizes Effort and Compensates for Intrinsic Motivation", *Academy of Management Journal*, 60. 2 (2017), pp. 695–719.

〔3〕　Gable, Shelly L. , and Harry T. Reis, "Good news! Capitalizing on Positive Events in an Interpersonal Context", *Advances in Experimental Social Psychology*, Vol. 42, Academic Press, 2010, pp. 195–257.

领导能够通过满足员工的家庭需求进而促进个体更积极地参与家庭事件，持续增加家庭资源。

综上所述，本研究提出以下假设：

H5a：家庭需求满意度在健康型领导正向作用于工作投入的过程中起中介作用。

H5b：家庭需求满意度在健康型领导正向作用于积极家庭事件的过程中起中介作用。

H5c：家庭需求满意度在健康型领导正向作用于工作-家庭增益的过程中起中介作用。

（八）工作投入的中介作用

健康型领导首先能够促进下属健康状况。健康型领导促进员工健康的方式有：①直接沟通。领导者通过与员工直接沟通，帮助员工加强工作场所内外的自我健康意识；②健康管理实践。领导者为员工合理安排工作任务和改善员工的工作环境；③树立自我健康的榜样。领导者的个人影响力容易使员工效仿领导者健康的生活方式，更好地跟随领导。[1][2]感知到健康型领导的员工将会增加自身健康关心行为，这可以防止个

〔1〕 Franke, Franziska, and Jörg Felfe, "Diagnose Gesundheitsförderlicher Führung-Das Instrument 'Health-oriented Leadership', *Fehlzeiten-Report* 2011: *Führung und Gesundheit: Zahlen, Daten, Analysen aus allen Branchen der Wirtschaft*, (2011), pp. 3-13.

〔2〕 Franke, Franziska, Jörg Felfe, and Alexander Pundt, "The Impact of Health-oriented Leadership on Follower Health: Development and Test of a New Instrument Measuring Health-promoting Leadership", *German Journal of Human Resource Management*, 28. 1-2 (2014), pp. 139-161.

人感到疲惫，也可以保证自己能够在工作中保持良好的精力，进而促进他们在工作中的参与和动力。[1]依据丰富理论，角色 A 中的知识、技能和各种资源将直接提高角色 B 中的绩效。[2]工作中的知识、技能和各种资源能够通过员工的高工作投入在家庭领域中转移和利用。[3]员工在工作中表现出高投入，同时会表现出有活力、精力充沛和愉快的心情。这种积极情绪可能会直接蔓延到家庭领域，并促进员工家庭角色的履行。工作和家庭角色之间的表现和情感丰富过程实际上可能是相互的，[4]因此健康型领导能够激发员工高工作投入，高工作投入会同时促进工作—家庭增益和家庭—工作增益。综上所述，本研究提出以下假设：

H6：工作投入在健康型领导正向作用于工作—家庭增益的过程中起中介作用。

(九) 积极家庭事件的中介作用

积极的家庭事件 (Positive Family Events) 是指个体与家

〔1〕　Kaluza, Antonia J. , et al. , "When and how Health-oriented Leadership Relates to Employee Well-being—The Role of Expectations, Self-care, and LMX", *Journal of Applied Social Psychology*, 51. 4 (2021), pp. 404-424.

〔2〕　Greenhaus, Jeffrey H. , and Gary N. Powell, "When Work and Family are Allies: A Theory of Work-family Enrichment", *Academy of Management Review*, 31. 1 (2006), pp. 72-92.

〔3〕　Siu, Oi-ling, et al. , "Role Resources and Work-family Enrichment: The Role of Work Engagement", *Journal of Vocational Behavior*, 77. 3 (2010), pp. 470-480.

〔4〕　Lu, Jia-Fang, et al. , "Antecedents and Outcomes of a Fourfold Taxonomy of Work-family Balance in Chinese Employed Parents", *Journal of Occupational Health Psychology*, 14. 2 (2009), p. 182.

人一起进行的建设性和愉快的活动。[1]这些活动包括交流思想、开展活动，以及享受与家庭成员的愉快的社会互动。参与积极家庭事件为个人提供了选择不同活动的机会，以展示他们的能力，并与家庭成员建立联系。健康型领导通过工作场所健康管理行为能够帮助下属树立健康意识、健康价值观，提升其自我关心意识。同时，进行积极健康管理的下属也会将健康意识和价值观传递给家庭成员，并与家庭成员共同健康生活。个体在参与家庭活动时将促进身心健康。当员工把家庭生活中的积极情绪带到他们的工作中时，这可能会帮助他们采取更加热情和充满活力的工作风格。当个体与配偶在家庭中分享其工作事件，配偶可能对与工作有关的问题提出建议，帮助员工把工作问题放在心上。获得家庭支持的员工提升了个人的心理复原力，这将有助于员工充满精力和动力开始工作日。[2]因此，健康型领导激发下属参与积极家庭事件产生的积极效应也会溢出在工作领域。综上所述，本研究提出以下假设：

H7：积极家庭事件在健康型领导正向作用于家庭—工作增益的过程中起中介作用。

（十）工作层面与家庭层面的双链式中介作用

理论界和实践领域对于工作—家庭问题集中探讨两者之间

---

〔1〕 Spanier, Graham B. , "Measuring Dyadic Adjustment: New Scales for Assessing the Quality of Marriage and Similar Dyads", *Journal of Marriage and the Family*, （1976）, pp. 15-28.

〔2〕 Ten Brummelhuis, Lieke L. , Jarrod M. Haar, and Maree Roche, "Does Family Life Help to be a Better Leader? A Closer Look at Crossover Processes from Leaders to Followers", *Personnel Psychology*, 67. 4 （2014）, pp. 917-949.

的角色冲突问题，本研究引入健康型领导这一组织层变量探究
其对于工作—家庭领域的积极溢出效应路径机制。结合上述研
究假设，本研究提出了健康型领导对员工工作—家庭增益的双
路径机制。具体而言，本研究基于丰富理论和自我决定理论构
建了两条链式中介机制。在工作层面，健康型领导通过激发员
工的积极情绪进而增加员工的工作投入，最终实现工作—家庭
增益；在家庭领域，健康型领导通过满足员工的家庭需求，提
高员工的家庭需求满意度，进而激发员工参与积极的家庭事
件，最终实现家庭—工作增益。其中，积极情绪和家庭需求满
意度也可进行跨领域溢出，即积极情绪可以促进个体从事积极
家庭事件，家庭需求满意度也可以增加员工的工作投入。综上
所述，本研究提出以下假设：

H8：在工作层面，积极情绪、工作投入在健康
型领导正向作用于工作—家庭增益的过程中起链式中
介作用。

H9：在家庭层面，家庭需求满意度、积极家庭
事件在健康型领导正向作用于家庭—工作增益的过程
中起链式中介作用。

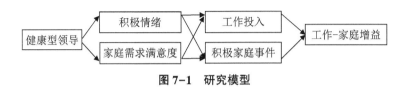

图7-1 研究模型

三、研究方法

(一)研究样本与程序

本研究通过线上、线下招募全职员工,调研企业涉及国有企业和私营企业。被试者须符合以下条件:①被试者的工作时间为周一到周五;②被试者在公司特定场合进行办公(居家办公除外);③被试者不属于个体工商户;④被试者处于已婚状态。被试者按照调研完成度获得相应比例的报酬。

在正式调研之前,本研究小组对被试者进行简单的背景调查以确定调研样本;通过资格审查的被试者将被邀请参与三阶段问卷调查。第一阶段(T1),员工将收到评价其直属领导如何处理与员工健康相关的工作及工作环境的特征(即员工感知到的健康型领导)、其在工作中的情绪和家庭需求满意度;第1个月后(T2),员工评价其典型工作日工作状态和结束工作后参与积极家庭事件的程度;第2个月后(T3),员工填写个人基本信息和整体评价工作—家庭互惠情况。

研究小组通过对不同调查时间点样本进行匹配最终获得有效样本量,调查开始前由研究人员向受访者设置一个问卷打开密码,每次需要填写密码才可以进行作答。其中,在性别方面,男性占53%,女性占47%;在年龄方面,40岁以下的受访者总占70.2%;在工作年限方面,工作年限在1年以下占20.8%,1~3年占16.8%,4~10年占32.6%,10年以上占29.7%;有超过70%的受访者和配偶/孩子共同居住;47.5%的受访者拥有一个孩子。

表 7-1 有效样本情况（N = 558）

变量	分类	样本数量	样本所占百分比（%）
性别	男性	296	53%
	女性	262	47%
年龄	30 岁以下	210	37.6%
	30~40 岁	182	32.6%
	41~50 岁	159	28.5%
	50 岁以上	7	1.3%
工作年限	1 年以下	116	20.8%
	1~3 年	94	16.8%
	4~10 年	182	32.6%
	10 年以上	166	29.7%
是否和配偶/孩子共同居住	是	403	72.2%
	否	155	27.8%
孩子数量	0	292	52.3%
	1	265	47.5%
	2	1	0.2%

（二）测量

本研究所有变量的测量题项均来自以往研究中的成熟量表，为防止理解偏差作者对所有题项进行了翻译和回译。所有题项均采用李克特 5 点计分法（1 = 非常不符合，5 = 非常符合），各量表信效度均处于可接受范围。

1. 健康型领导

采用由 Franziska Franke 和 Jörg Felfe（2014）编制的员工

版量表，包含 30 个题目。量表由健康认识、健康价值和健康行为三个维度组成，如健康认识："当我的健康出问题时，我的领导会及时察觉到"健康价值："降低工作场所的健康风险对我的领导而言非常重要"健康行为："我的领导会通过优化我的工作流程来减少我的工作需求（例如设定工作优先级，不受打扰的工作，制定每日计划）"。在本研究中，该量表的克朗巴哈系数（Cα）为 0.956。[1]

2. 积极情绪

采用由 Watson et al.（1988）编制的量表，该量表共包含 20 个题目，如"今天我在工作中是兴奋的""今天我在工作中是有活力的"。在本研究中，该量表的克朗巴哈系数（Cα）为 0.946。[2]

3. 家庭需求满意度

参考 La Guardia et al.（2000）的研究，本研究通过改编得到家庭需求满意度量表。[3]该量表共包含 9 个题目，如"我觉得在家里可以做我自己""我觉得自己在家里是称职的"。在本研究中，该量表的克朗巴哈系数（Cα）为 0.922。

〔1〕 Franke, Franziska, Jörg Felfe, and Alexander Pundt, "The Impact of Health-oriented Leadership on Follower Health: Development and Test of a New Instrument Measuring Health-promoting Leadership", *German Journal of Human Resource Management*, 28. 1-2 (2014), pp. 139~161.

〔2〕 Watson, David, Lee Anna Clark, and Auke Tellegen, "Development and Validation of Brief Measures of Positive and Negative Affect: the PANAS Scales", *Journal of Personality and Social Psychology*, 54. 6 (1988), p. 1063.

〔3〕 La Guardia, Jennifer G. , et al. , "Within-person Variation in Security of Attachment: a Self-determination Theory Perspective on Attachment, Need Fulfillment, and Well-being", *Journal of Personality and Social Psychology*, 79. 3 (2000), p. 367.

4. 工作投入

采用由 Schaufeli et al.（2002）编制的三维度量表，共有17 个题目。[1]其中，"活力"维度包含"在工作中，我感到自己能迸发出能量"；"奉献"维度包含"我觉得我所从事的工作目标明确，且很有意义"；"专注"维度包含："当我工作时，我觉得时间总是过得飞快"。在本研究中，该量表的克朗巴哈系数（Cα）为 0.921。

5. 积极的家庭事件

本研究参考 Spanier（1976）和 Lin et al.（2021）的研究测量员工所进行的积极家庭事件。[2][3]量表共包含 5 个题目，如"我与家人一起欢笑""我与家人进行了深入地思想交流或讨论"。在本研究中，该量表的克朗巴哈系数（Cα）为 0.884。

6. 工作—家庭增益

采用由 Carlson et al.（2006）编制的二维度量表，该量表共有 18 个题目。[4]量表包含工作对家庭的增益和家庭对工作

〔1〕　Schaufeli, Wilmar B. , et al. , "The Measurement of Engagement and Burnout: A two Sample Confirmatory Factor Analytic Approach", *Journal of Happiness Studies*, 3 (2002), pp. 71-92.

〔2〕　Spanier, Graham B. , "Measuring Dyadic Adjustment: New Scales for Assessing the Quality of Marriage and Similar Dyads", *Journal of Marriage and the Family*, (1976), pp. 15-28.

〔3〕　Lin, Szu-Han Joanna, et al. , "Positive Family Events Facilitate Effective Leader Behaviors at Work: A Within-individual Investigation of Family-work Enrichment", *Journal of Applied Psychology*, 106. 9 (2021), p. 1412.

〔4〕　Carlson, Dawn S. , et al. , "Measuring the Positive Side of the Work-family Interface: Development and Validation of a Work-family Enrichment Scale", *Journal of Vocational Behavior*, 68. 1 (2006), pp. 131-164.

的增益两个部分，如"我的工作能够帮助我理解不同的观点，而这将有助于我成为一名更好的家庭成员"、"我的家庭能够帮助我获得更多的技能，这将有助于我成为一名更好的员工"。在本研究中，该量表的克朗巴哈系数（Cα）为 0.937。

7. 控制变量

本研究选择的控制变量有 5 个，包含被试者性别、年龄、工作年限、与配偶/孩子共同居住、孩子数量。控制性别的主要原因是一般情况下女性员工要比男性员工在家庭中投入更多；年长或者工作年限越长的员工往往在工作—家庭平衡方面有更多的经验；与配偶/孩子共同居住或者拥有更多数量孩子的员工具有承担更多的家庭责任的倾向，有机会更多地承担家庭角色。

（三）验证性因子分析

为了检验同源方差的影响，本研究使用 Mplus8. 3 软件对主要变量进行验证性因子分析，以确定是否存在严重的同源方差问题。六因子模型的拟合指标符合相关要求，并显著优于其他因子模型（c2 = 6332.976，df = 4727，c2/df = 1. 340，CFI = 0. 954、TLI = 0. 953、RMSEA = 0. 025、SRMR = 0. 036），表明本研究同源方差的影响是很有限的。

表 7-2　验证性因子分析（N = 558）

模型	因子组合	c2	df	c2/df	CFI	TLI	RMSEA	SRMR
六因素模型	A；B；C；D；E；F	6332.976	4727	1. 340	0.954	0.953	0.025	0.036
五因素模型	A；B+D；C；E；F	695.732	242	2.875	0.935	0.925	0.058	0.050

模型	因子组合	c2	df	c2/df	CFI	TLI	RMSEA	SRMR
四因素模型	A；B+C+D；E；F	1334. 247	246	5. 424	0. 843	0. 824	0. 089	0. 101
三因素模型	A；B+C+D+E；F	2413. 924	249	9. 694	0. 688	0. 654	0. 125	0. 116
二因素模型	A+B+C+D+E；F	2733. 135	251	10. 889	0. 642	0. 606	0. 133	0. 117
单因素模型	A+B+C+D+E+F	2820. 230	252	11. 191	0. 629	0. 594	0. 135	0. 116

（注：A 代表健康型领导；B 代表积极情绪；C 代表家庭需求满意度；D 代表工作投入；E 代表积极家庭事件；F 代表工作—家庭增益）

四、结果

（一）描述性统计分析

表7-3 展示了控制变量、健康型领导、积极情绪、家庭需求满意度、工作投入、积极家庭事件和工作—家庭增益的均值、标准差及相关系数。结果表明，健康型领导与积极情绪呈正相关关系（r=0. 366，p<0. 01），与家庭需求满意度呈正相关关系（r=0. 400，p<0. 01），与工作投入呈正相关关系（r=0. 460，p<0. 01），与积极家庭事件呈正相关关系（r=0. 411，p<0. 01），与工作—家庭增益呈正相关关系（r=0. 489　p<0. 01）；积极情绪与家庭需求满意度呈正相关关系（r=0. 170，p<0. 01），与工作投入呈正相关关系（r=0. 468，p<0. 01），与积极家庭事件呈正相关关系（r=0. 464，p<0. 01），与工作—家庭增益呈正相关关系（r=0. 455，p<0. 01）；家庭需求满意

度与工作投入呈正相关关系（r=0.462，p<0.01），与积极家庭事件呈正相关关系（r=0.411，p<0.01），与工作—家庭增益呈正相关关系（r=0.439，p<0.01）；工作投入与积极家庭事件呈正相关关系（r=0.458，p<0.01），与工作—家庭增益呈正相关关系（r=0.528，p<0.01）；积极家庭事件与工作—家庭增益呈正相关关系（r=0.538，p<0.01）。

表7-3　描述性统计、均值、标准差和相关系数（N=558）

变量	平均值	标准差	性别	年龄	工作年限	与配偶/孩子共同居住	孩子数量	A	B	C	D	E	F
性别	1.470	0.500	1										
年龄	1.934	0.842	0.049	1									
工作年限	2.713	1.103	0.098*	0.944**	1								
与配偶/孩子共同居住	1.278	0.448	-0.287**	-0.289**	-0.252**	1							
孩子数量	1.479	0.504	-0.138**	-0.226**	-0.211**	0.190**	1						
A	2.448	0.617	0.026	0.009	0.024	0.015	-0.026	1					
B	2.924	0.669	0.003	0.008	-0.007	-0.008	-0.044	0.366**	1				
C	3.098	0.645	-0.024	0.012	0.006	0.015	-0.083*	0.400**	0.170**	1			
D	2.233	0.632	-0.027	-0.029	-0.016	0.058	-0.037	0.460**	0.468**	0.462**	1		
E	2.341	0.806	0.044	0.039	0.028	-0.008	-0.024	0.411**	0.464**	0.411**	0.458**	1	
F	3.367	0.590	-0.009	-0.012	-0.007	0.029	-0.058	0.489**	0.455**	0.439**	0.528**	0.538**	1

（注：①A代表健康型领导；B代表积极情绪；C代表家庭需求满意度；D代表工作投入；E代表积极家庭事件；F代表工作—家庭增益；②* p<0.05，** p<0.01）

（二）假设检验

本研究构建了线性回归模型，并使用Mplus8.3统计分析软件进行数据分析，具体结果见表7-4。在模型1中，健康型领导对员工积极情绪有显著的正向影响（b=0.501，p<0.001），假

设 H1 成立；在模型 2 中，健康型领导对员工家庭需求满意度有显著的正向影响（模型 2：b = 0.476，p<0.001），假设 H2 成立。在模型 5 中，健康型领导对员工的工作—家庭增益有显著的正向影响（b = 0.630，p<0.001），假设 H3 成立。

表 7-4 回归结果

变量	模型 1	模型 2	模型 5
	B	C	F
控制变量			
性别	−0.001 (0.048)	−0.034 (0.043)	−0.011 (0.048)
年龄	0.198 (0.136)	0.069 (0.120)	−0.048 (0.078)
工作年限	−0.203 (0.135)	−0.068 (0.120)	0.030 (0.060)
与配偶/孩子 共同居住	−0.005 (0.051)	0.016 (0.044)	0.036 (0.057)
孩子数量	−0.033 (0.046)	−0.078 (0.042)	−0.036 (0.048)
解释变量			
健康型领导	0.501 *** (0.046)	0.476 *** (0.039)	0.630 *** (0.041)

（注：* p<0.05，** p<0.01，*** p<0.001）

进一步本研究采用参数 Bootstrap 法（Bootstrap = 5000）检验中介效应，表 7-5 披露了各中介效应的路径系数、标准差、间接效应估计的 95% 置信区间上、下限。结果表明：健康型领导通过积极情绪对工作投入的间接效应显著，效应值为 0.214，95% 的置信区间为 [0.150，0.295]，不包含 0，故积极情绪在健康型领导正向作用于个体工作投入的过程中起中介作用，假设 H4a 成立。健康型领导通过积极情绪对积极家庭事件的间接效应显著，效应值为 0.220，95% 的置信区间为 [0.160，0.296]，不包含 0，故积极情绪在健康型领导正向作用于积极家庭事件的过程中起中介作用，假设 H4b 成立。健康型领导通过积极情绪对工作—家庭增益的间接效应显著，效应值为 0.093，95% 的置信区间为 [0.015，0.177]，不包含 0，故积极情绪在健康型领导正向作用于工作—家庭增益的过程中起中介作用，假设 H4c 成立。健康型领导通过家庭需求满意度对工作投入的间接效应显著，效应值为 0.162，95% 的置信区间为 [0.116，0.215]，不包含 0，故家庭需求满意度在健康型领导正向作用于工作投入的过程中起中介作用，假设 H5a 成立。健康型领导通过家庭需求满意度对积极家庭事件的间接效应显著，效应值为 0.131，95% 的置信区间为 [0.087，0.182]，不包含 0，故家庭需求满意度在健康型领导正向作用于积极家庭事件的过程中起中介作用，假设 H5b 成立。健康型领导通过家庭需求满意度对工作—家庭增益的间接效应显著，效应值为 0.075，95% 的置信区间为 [0.019，0.132]，不包含 0，故家庭需求满意度在健康型领导正向作用于工作—家庭增益的过程中起中介作用，假设 H5c 成立。健康型领导通过工作投入对工作—家庭增益的间接效应显著，效应值为 0.061，95% 的置信区间为 [0.020，0.135]，不包含 0，故工作投入在健康型领导正向作用于工作—家庭增益的过程中起中介作用，假设 H6 成立。健康型领导通过积极家庭事件对工作—家庭增益的间接效应显著，效应值为 0.043，95% 的置信区间为 [0.011，0.086]，不包含 0，故积极家庭事件在健康型领导正向作用于家庭—工作增益的过程中起中介作用，假设 H7 成立。积极情绪、工作投入在健康型领导正向作用于工作—家庭增益的链式中介效应显著，效应值为 0.054，95% 置信区间为 [0.018，0.109]，不包含 0，假设 H8 得到支持；在工作层面，积极情绪、工作投入在健康型领导正向作用于工作—家庭增益的链式中介效应显著，效应值为 0.054，95% 置信区间为 [0.018，0.109]，不包含 0，假设 H8 得到支持；在家庭层面，家庭需求满意度、积极家庭事件在健康型领导正向作用于工作—家庭增益的链式中介效应显著，效应值为 0.036，95% 置信区间为 [0.019，0.060]，不包含 0，假设 H9 得到支持。

表 7-5　中介效应检验结果

假设	路径	直接效应	间接效应	95%置信区间		是否支持假设
				下限	上限	
H4a	A-B-D	0.244	0.214	0.150	0.295	是
H4b	A-B-E	0.156	0.220	0.160	0.296	是
H4c	A-B-F	0.166	0.093	0.015	0.177	是
H5a	A-C-D	0.244	0.162	0.116	0.215	是
H5b	A-C-E	0.156	0.131	0.087	0.182	是
H5c	A-C-F	0.166	0.075	0.019	0.132	是
H6	A-D-F	0.166	0.061	0.020	0.135	是
H7	A-E-F	0.166	0.043	0.011	0.086	是
H8	A-B-D-F	0.166	0.054	0.018	0.109	是
H9	A-C-E-F	0.166	0.036	0.019	0.060	是

（注：A 代表健康型领导；B 代表积极情绪；C 代表家庭需求满意度；D 代表工作投入；E 代表积极家庭事件；F 代表工作—家庭增益）

五、讨论

(一) 研究结论

本研究从健康型领导这一积极领导力视角来理解组织如何影响员工工作—家庭增益，并分别从工作领域、家庭领域、工作—家庭、家庭—工作视角解释其中的内在机制。具体而言，在工作领域：健康型领导能够通过情绪传染激发员工在工作中的积极情绪，具有高水平积极情绪的员工能够激发个人的内在工作动机，其在工作中能够展现热情、增加精力投入，表现为高工作投入。依据丰富理论，员工通过工作投入获得的工作资源又能够作用到家庭领域。在家庭领域：健康型领导能够通过工作场所健康管理措施及在非工作时间帮助员工实现工作脱离等增加员工的家庭资源、满足员工的家庭需求。当员工的家庭需求满意度得到提高时，个体将更愿意与家庭成员进行积极的家庭事件。由积极家庭事件获得的持续的家庭资源带来的积极影响也将溢出到员工的工作领域。此外，本研究还发现由健康型领导激发的员工积极情绪对员工积极家庭事件也有正向影响；健康型领导在满足员工家庭需求的基础上也能促进员工工作投入，即家庭需求满意度对员工工作投入也有正向作用。因此，本研究构建了两条双链式中介解释了健康型领导对工作—家庭增益的解释机制。

(二) 理论贡献

本研究丰富了工作—家庭增益的相关研究，主要理论贡献在于：首先，本研究从健康型领导这一新型领导力视角出发探究员工工作—家庭增益的前因变量，同时也补充了健康型领导的后果研究。已有研究主要从健康状况、工作态度、工作绩效方面探究健康型领导的后果变量，本研究尝试将健康型领导与工作—家庭增益这一角色外变量相联系起来，解释其中的内在机制。其次，本研究同时应用了丰富理论中的工具路径和情感路径来解释健康型领导对员工工作—家庭增益的积极溢出效应。具体而言，在"健康型领导—积极情绪—工作投入—工作—家庭增益"这一链式中介路径中，工具路径是发挥积极效应的关键；在"健康型领导—家庭需求满意度—积极家庭事件—工作—家庭增益"这一链式中介路径中，情感路径是发挥积极效应的关键。再次，本研究在双链式中介机制中也考虑了工作、家庭领域资源转移的作用，如研究验证了工作中的积极情绪也能促进员工参与积极家庭事件，家庭需求的满足也会正向影响员工在工作中的投入。最后，本研究采取动态追踪调查的方式进行调研，能够证明健康型领导与员工工作—家庭增益之间的因果关系，进一步验证了健康型领导的有效性。

（三）管理启示

工作—家庭平衡议题对于管理者自身、员工都具有重要意义，本研究的发现对组织的管理者、员工主要有以下借鉴意义：第一，组织应在工作场所增加员工的工作资源、心理资源等个人资源。资源是可以拓展的，工作领域与家庭领域并不是割裂的，它们之间是可以发挥协同作用的。员工参与多个角色可以通过其对一个人的认知情感或物质资源的增益作用来实现工作与生活之间的平衡。这就好比当一个人在工作中经历"996"后十分疲惫地回到家中，这时候家中已经准备好了晚饭，因此个体感受到了极大的心理增益从而一定程度上恢复了工作中带来的耗竭，进而达到一种工作家庭平衡的满意感。第二，对于员工个人而言，家庭领域的需求与资源是不可忽视的。员工在日常工作结束后要为家庭活动做好安排，主动参与家庭活动、与家人积极互动。个体要正确认识家庭与工作之间的关系，两者并不是此消彼长的割裂关系。第三，组织要在已有家庭友好政策的基础上进一步完善相关政策，与员工做好沟通了解员工的家庭需求，努力为不同类型的员工制定个性化的家庭满足计划，帮助员工平衡工作与家庭，最终实现工作—家庭增益。

（四）研究不足与未来展望

本研究仍然存在一些不足之处：第一，各变量数据收集虽在不同时间点进行，但是时间跨度并没有足够长，且各变量由员工个人报告，这也无法完全排除共同方法偏差。未来研究可以采用实验法和质性研究法进一步探究工作—家庭增益的前因。第二，本研究在实证过程中控制了人口统计学变量，但实证结果表明性别、年龄、家庭孩子个数等也显著影响员工工作—家庭增益。未来研究可以就人口统计学变量与员工工作—家庭增益之间的关系展开细致讨论。如男性和女性的工作—家庭增益的诱发因素可能不同、工作—家庭增益与工作绩效的关系对男性和女性是否有差异或者双职工家庭与单职工家庭工作—家庭增益的情况是否相同等问题。第三，本研究未加入调节变量检验健康型领导对员工工作—家庭增益发挥积极作用的边界条件，未来研究可以从个人特质、工作特征、组织环境、家庭环境等多个方面探究增益效应发挥的边界条件。